THEATERBIBLIOTHEK

In *Unschuld* versammelt Dea Loher eine kleine Gesellschaft von Verzweifelten und Verstrickten, von Schuld-, Tod- und Schicksalssuchern. Es sind 19 ebenso skurrile wie realistische Szenen vom Rand unserer Gesellschaft. Sie bestechen durch ihre verzweifelte Komik.

»*Unschuld* ist eine poetische Elegie von sprachlicher Schönheit und Kraft, getragen von dunkler Wehmut ebenso wie von sarkastischem Grimm.« *Süddeutsche Zeitung*

»Dea Loher hat mit ihrem eloquent stolpernden Schuldzusammenhangsuchern das Gesellschaftsdrama von Botho Strauß wieder belebt – nur dass dieses Leben absolut finster ist. In der Konsequenz, mit der hier Szene für Szene die Schlinge fester zugezogen wird, ist Loher mit Sarah Kane vergleichbar.« *Frankfurter Rundschau*

Auch Lohers neuestes Stück, *Das Leben auf der Praça Roosevelt,* entstanden 2003/04 in São Paulo und mit der Uraufführung des Hamburger Thalia Theaters anschließend im Programm von drei internationalen Festivals in Rio de Janeiro, São Paulo und Porto Alegre vertreten – auch dieses Stück führt in episodenhaften Szenen eher zufällig ein Dutzend Menschen zusammen, die eines gemeinsam haben: sie leben und sterben auf der Praça Roosevelt.

»Die 1964 in Traunstein geborene und heute in Berlin lebende Autorin schreibt seit fast fünfzehn Jahren Theaterstücke, raffiniert gemixt aus Wollust und Tücke, Komik und Tod. Eben noch lacht man über einen dröhnenden Monolog, dann erstarrt der Blick auf einen psychischen Scherbenhaufen. Ihr neues Stück *Das Leben auf der Praça Rooselvelt* spielt in der brasilianischen Mega-Metropole São Paulo und bündelt die Lebensläufe einer Handvoll Menschen, deren verzweifelte Suche nach Erlösung das Thema der virtuos verwobenen Handlungsstränge sind.« *Spiegel online*

Dea Loher

Unschuld
Das Leben auf der Praça Roosevelt

Zwei Stücke

tschen

Inhalt

Unschuld

PERSONEN

ELISIO ⎱ illegale schwarze Immigranten
FADOUL ⎰
ABSOLUT, eine junge blinde Frau
FRAU HABERSATT, eine Alleinstehende
FRANZ, ein Versorger von Verstorbenen
ROSA, seine Frau
FRAU ZUCKER, deren Mutter
ELLA, eine alternde Philosophin
HELMUT, ihr Mann, ein Goldschmied (stumme Rolle)
DER PRÄSIDENT

ELTERN EINES GETÖTETEN MÄDCHENS (Szene 2)
ZWEI SELBSTMÖRDER (6)
CHOR DER ÜBERLEBENDEN EINES AMOKLAUFS (7)
EIN JUNGER ARZT (11)
CHOR DER AUTOFAHRER (14)

Wenn Elisio und Fadoul mit schwarzen Schauspielern besetzt werden, dann bitte, weil es ausgezeichnete Schauspieler sind, nicht, um eine Authentizität zu erzwingen, die unangebracht wäre. Ansonsten keine »Schwarz-Malerei«, lieber die Künstlichkeit der Theatermittel durch Masken o.ä. hervorheben.

Musik:
Fakultativ für das Ende von Szene 1: Sandy Dillon, *Float.*
Fakultativ für das Ende von Szene 8: dies., *Send me a dollar.*
Obligatorisch für Szene 19: dies., *I'm just blue.*

Das Blut tost im Thermometer.

Es ist nicht angenehm zu sterben, Herr, wenn man im Leben nichts zurücklässt und wenn im Tod nichts möglich ist, außer dem, was man im Leben zurücklässt!

Es ist nicht angenehm zu sterben, Herr, wenn man im Leben nichts zurücklässt und wenn im Tod nichts möglich ist, außer dem, was man im Leben zurücklässt!

Es ist nicht angenehm zu sterben, Herr, wenn man im Leben nichts zurücklässt und wenn im Tod nichts möglich ist, außer dem, was man im Leben zurücklassen konnte!

César Vallejo, Die Fenster haben gezittert

1.

Vor dem Horizont des Meeres I

ELISIO Vor dem Horizont des Meeres gehen zwei Freunde
spazieren. Zwei Freunde, Fadoul und Elisio. *Pause.* Am
Rande des Wassers gehen sie auf und ab, auf und ab, und
versuchen, einen Blick in ihre Zukunft zu werfen.

Pause.

FADOUL Aber die Zukunft starrt aus bösen kohlumrande-
ten Höhlen zurück, Augenhöhlen ohne Augen darin, und
deshalb gibt es nichts weiter über das Später zu sagen,
kein Danach zu besprechen.
ELISIO Sagte Fadoul und schwieg. Elisio hingegen ist seiner
Natur nach ein Optimist. Im Süden des Landes geboren.
Dort, wo die Sonne am höchsten steht. Am Ufer des Blau-
en Nils. Schon früh hatte er die süßesten Zitzen des prall-
eutrigsten Mutterschafes im Mund gespürt. *Pause.* Aber
aus Freundschaft zu Fadoul, um diesem Griesgrämigen in
seinem Selbstmitleid nicht unangenehm aufzufallen,
schwieg auch er.

Schweigen. Elisio stößt Fadoul in die Seite.

FADOUL Ich sage dir, was ich sehe. Ich sehe den Himmel,
und es könnte der Himmel über der Wüste sein; aber der
Himmel über der Wüste ist hoch und klar und weit und
lässt deinen Gedanken Raum bis zu den Sternen. *Pause.*
Ich sehe das Meer aus Wasser, und ich finde mein Sandmeer nicht wieder darin, denn das Sandmeer bewegt sich
langsam und stetig, so dass du mit ihm Schritt halten
kannst und deinen Weg nicht verlierst. *Pause.*

Dieser Himmel ist niedrig; schwere Wolken lauern über meinem Kopf, dicht über meinem Kopf, als wollten sie ihn fortreißen mit dem nächsten Stoß des Windes; das Meer unruhig, Wellen, unberechenbar aus der Tiefe geboren, stürzen auf mich zu; dann tänzeln sie rückwärts, mit ausgebreiteten Armen, und locken mich wohin, wohin ... ich weiß nicht wohin.

Schweigen.

FADOUL Die Leute in dieser Gegend hier sind vollkommen verrückt. Ziehen sich nackt aus und gehen baden, bei der Kälte.
ELISIO Wo.
FADOUL Da – Die Frau da –

Eine Frau mit roten Haaren zieht sich langsam aus, in einiger Entfernung von den beiden. Sie legt ihre Kleidungsstücke einzeln nacheinander sorgfältig zusammen und ordnet sie auf einen Stapel, als würde sie sie in einen Schrank legen wollen. Ihre Bewegungen sind fließend und konzentriert. Sie lässt den Stapel hinter sich und geht ins Wasser. Sie sieht niemanden.

FADOUL Dieses Meer ist nicht die Zukunft, die du mir versprochen hast.

Pause.

ELISIO Weil du blind bist. Oder weil du deinen Mut verloren hast. Auf dieses Meer zu sehen ist Freiheit, Fadoul.
FADOUL Scheiß auf Freiheit, ich will Sand.

Schweigen.

ELISIO Eines wollte Elisio auf keinen Fall, er wollte seinen Freund Fadoul auf keinen Fall unglücklich sehen. Also dachte er sich eine neue rosige Geschichte für beider Zukunft aus, als – schau mal da – Fadoul –

FADOUL Was.

ELISIO Da – da ist was –

FADOUL Was.

ELISIO Ich weiß nicht – die Spitze eines Bootes, ein Ruder – die dunstige Luft – es bewegt sich –

FADOUL Wo.

ELISIO Eine Boje vielleicht, im Wind – ein Ölfass – hörst du nichts –

FADOUL In meinen Ohren ist Dreck.

ELISIO Da schwimmt sie. Da schwimmt jemand und gibt Zeichen – Halloo –

FADOUL Sei doch still. Was rufst du denn –

ELISIO Da draußen schwimmt jemand. Die Frau, die Frau mit den roten Haaren.

FADOUL Kennst du sie.

ELISIO Nein.

FADOUL Was rufst du dann. Ist vielleicht bei der Polizei.

ELISIO Halloo – Sie winkt mir zu. *Er beginnt sich auszuziehen.* Ich komme –

FADOUL Sie winkt, wie? Woran erkennst du, Elisio, mit den scharfen und nimmermüden Augen eines Maulwurfs auf diese Entfernung, dass dieser weibliche Körper nach dir winkt und nicht zu einer Polizei gehört?

ELISIO Beeil dich, Fadoul, schnell, schnell –

FADOUL Sie ruft nach dir, wie? Was, wenn ich aber höre, sie ruft nach mir, alter Freund, nach mir?

ELISIO *fast nackt* Sie ruft um Hilfe, Fadoul, sie ertrinkt, schnell –

FADOUL Fadoul erfasst mit einem Blick den Ernst der Lage.

Sein Freund hat, wie so oft, wie fast beinahe immer, Recht behalten. Eine Frau ertrinkt, während er rumsteht und redet. Was gibt es Schöneres als einen Menschen vor dem Ertrinken zu retten. Tausende und Abertausende Male hatte er sich in seiner Kindheit und später in seiner Jugend, die er beide in der Wüste verbrachte, vorgestellt, wie es wäre, einen Menschen vor dem Ertrinken zu retten; dazu war zugegeben allerhand Fantasie nötig, andererseits so schwierig war es auch wieder nicht; Fadoul färbte in seiner Vorstellung das unendliche ihn umgebende Wüstensandmeer blau, er ließ Regen fallen und die Palmwedel wurden in seinen Träumen zu grünen Unterwasseralgen, aber während er noch so vor sich hin sinnierte, befand sich in der unwirtlichen Wirklichkeit, in die er gerade seinen Zeh hineinsteckte, eine Frau in offensichtlicher Lebensgefahr, und ihm fiel ein, dass er nicht schwimmen konnte.

ELISIO Ich geh allein.

FADOUL Also gut, ich versuchs.

ELISIO Wohin. Siehst du sie noch.

FADOUL Eine Hand, da, eine Hand.

ELISIO Gradeaus. Los.

FADOUL Und dann.

ELISIO Retten.

FADOUL Wir bringen sie ins Krankenhaus.

ELISIO Jaa.

FADOUL Die nehmen unsere Personalien auf.

ELISIO Das ist doch jetzt egal.

FADOUL Das ist nicht egal.

ELISIO Wir bringen sie hin, vors Krankenhaus, und sie geht hinein.

FADOUL Geht sie nicht. Sie ist bewusstlos.

ELISIO Wir legen sie vor den Eingang und klingeln. *Pause.* Aber sie kann nicht sagen, was passiert ist.

FADOUL Die wollen Papiere. Sie halten uns fest. Ohne Papiere. Und dann. *Pause.* Vielleicht ist sie auch illegal. Dann wären wir zu dritt.

ELISIO Wir sagen was Falsches und hauen ab.

FADOUL Schnell sein und schlau.

ELISIO Genau.

FADOUL Genau.

Schweigen.

FADOUL Wo ist sie.

ELISIO Seh sie nicht mehr. Seh sie nicht mehr. Seh sie nicht mehr.

FADOUL Die Wellen. Und das – Da – Da – Da –

ELISIO Was – Wo – Halloo –

FADOUL Nur Schaum. Nur Schaum.

ELISIO Wo – Wo – Wo ist sie –

FADOUL Nichts.

Schweigen.

FADOUL Nichts.

Schweigen.

ELISIO Du, du missgebürtiger Sohn einer fetten Kojotin du heulende Windarschgeige du Wüstenbastard du Sandflohwirt du Sandalenkretin du Oasenschmarotzer du Palmwedelträger du verweichlichter Haremsficker du schmieriger Nachwuchsölbohrer du hinterfotzige Wanderdüne –

Er geht Fadoul an die Gurgel. Sie prügeln sich. Fadoul gewinnt. Pause.

FADOUL Du kannst dich wieder anziehen. *Pause.* ZIEH
DICH WIEDER AN.

*Die Fläche des Meeres ist leer. Wellen schlagen am Strand an
und verlassen ihn wieder. Der Strand ist nackt bis auf den
Stapel Kleider.*

2.

FRAU HABERSATT Das reißt die ganze Straße auf, das Licht
  von Ihrem Bewegungsmelder da.
  Pause.
  Kann ich kurz reinkommen. Darf ich.
  Pause.
  Ihre Uhr tickt sehr laut.
FRAU Die Frau betrat einfach unsere Diele. Und dann betrat
  sie unser Wohnzimmer. Sie, wie soll ich sagen, sie schlich
  sich an den Wänden entlang. Und mein wortlos geworde-
  ner Mann ging hinter ihr her, mit ausgebreiteten Armen,
  als wollte er ein Huhn einfangen, oder wollte er es ver-
  scheuchen. Aber er wagte nicht, sie anzufassen.
FRAU HABERSATT Sie haben aber viele Bücher.
  Schweigen.
  Ein Gefühl wie in der Kirche.
  Andächtig.
  Pause.
  Die vielen eingeschlossenen Worte. Haben Sie die alle befreit.
  Haben Sie die alle gelesen.
  Pause.
  Mein Gott, werden Sie denken, mein Gott,
  schon wieder so eine Zeitschriftenprobeaboidiotin,
  falsch.
  Ich selber würde nie ein Zeitschriftenabo
  an der Haustür kaufen,
  da werden Sie nur betrogen.
  Drei bestellt, sechs geliefert,
  und es verlängert sich automatisch um ein Jahr,

da kann man gar nichts machen.
Sie sind sicher Mitglied in einem Buchclub.
Das ist eine hygienische Sache,
die Bücher aus der Leihbibliothek haben so
schmierige Seiten und Pusteln auf den Einbänden.
Pause.
Mein Sohn hat Gedichte geschrieben,
das sollten Sie wissen.
Pause.
Du meine Rose du
Ich liebe dich immerzu
Du meine Rose du
und pflücke dich in der Fruh
Schweigen.
Schön, nicht.

MANN Sie nimmt tatsächlich eine Fotografie vom Regal, mit ihren fremden Eindringlingshänden nimmt sie eine silbern gerahmte Fotografie vom Regal, die letzte Fotografie von unserer Tochter. Meine Frau erschrickt, sie befürchtet, der Fotografie könnte etwas Böses angetan werden, und das wäre so, als müsste unsere Tochter noch einmal sterben. Ich möchte die Hände unter den Rahmen halten, aber es gelingt mir nicht, sie stehen so ab vor meinem Bauch und bilden ein idiotisches, ein kleines Nest.

FRAU Mein Mann ist ein ungeschickt herumstolpernder Torwart, der sich vergeblich müht, den gegnerischen Ball abzufangen. Er weiß, dass er nie genug trainiert ist, reaktionsarm, kurzatmig. Er weiß, dass er ein Tölpel ist und im Dreck landen wird. Er kennt keinen Ehrgeiz, er hat keinen Mut, er lädt die Verachtung in seinen Körper ein. Er sagt zu ihr, nimm Platz, fühl dich wie zu Hause, sei einfach ein Teil von mir. Selbst der Verachtung wird es in seinem Körperinneren allmählich fad, sie gähnt und sucht

neue Opfer. Sie zieht aus und lässt ihn allein zurück. Eine
zitternde Hülle, eine bebende Haut. Er nimmt es so hin.
FRAU HABERSATT Ach, entschuldigen Sie.
Ich habe mich noch gar nicht vorgestellt.
FRAU Sie setzt sich. Sie lässt ihre Handtasche neben den Ses-
sel fallen, als würde sie nie wieder aufstehen wollen.
FRAU HABERSATT Mein Name ist Habersatt.
Und ich bin die Mutter von Udo.

Schweigen.

MANN Nach einem kleinen Unendlichkeitsschweigen ist
meine Frau in eine ausgedehnte Katalepsie verfallen, und
ich weiß nicht, wie ich *diese da* aus unserer Wohnung hinaus bekommen soll. Ich mache einfach kurz die Augen
zu.

Stille.

FRAU HABERSATT Ein schönes Kreuz haben Sie da
an der Wand hängen.

Schweigen.

FRAU HABERSATT Vergebung.
Vergeben Sie uns, dass wir existieren.
Und jemals in Ihre Nähe kamen.
Und Ihr Leben in ein Fegfeuer gestürzt haben.
Darum bin ich hier.
Ich bitte Sie um Vergebung.
Pause.
Vergebung dafür, dass ich geboren bin.
Dass ich diesen Sohn geboren habe.
Vergebung dafür, was er mit Ihrer Tochter -

Keine Angst, ich werde es nicht aussprechen.
Pause.
Sie wissen da vielleicht mehr als ich.
Pause.
Ich weiß, ich weiß,
dass die wahre Vergebung nur von Gott kommen kann.
Aber ich verspreche Ihnen, ich,
wenn Sie einen Anfang machten,
würden Sie unser Leid sehr mildern.

Schweigen.

FRAU Wir –
    Ihr –
MANN Ich fasse mich.
FRAU Das ist ungeheuer, ist viel –
    aber ungeheurer noch –
MANN *zur Frau* Fass dich – fass dich –
    Ich fasse mich. Ich fasse mich. Fassung jetzt.
FRAU HABERSATT Ja, ich verlange viel,
    wie viel,
    zu viel vielleicht.
    Alles was ich will –
    Pause.
    Ich war einmal Sekretärin
    in einer Druckerei.
    Der Geruch von dem feuchten, dem frisch bedruckten
                                            Papier –
    Die Druckerei hat alles gedruckt,
    Prospekte, Plakate, politische Periodika,
    und diese kleinen, diese kleinen Pornohefte
    auch,
    nur keine Bücher.

Der Geruch von dem feuchten, dem frischen –
Pause.
Alles was ich will
ist einmal
eine Chance.
Pause.
Meinem Sohn wird Ihre Vergebung
nicht mehr viel nützen.
Er wird verurteilt
und muss vor Gott seinen Richter treten.
Pause.
Aber ich,
ich bin alleinstehend.
Schweigen.
Ich habe immer zu ihm gesagt,
diese Flecken gehen bei sechzig Grad nicht raus.
Er war Linkshänder
und hat mit rechts alles verschüttet.
Ich habe ihn gezwungen umzulernen,
verstehen Sie.
Es war nicht böse von mir.
Aber die Stiche wurden mit links ausgeführt,
ich weiß es, mit links,
und mit solcher Wucht,
mit einer solchen Wucht –
Pause.
Was für eine Verschwendung meiner Zeit,
dass ich hier bin.
Sie verstehen mich ja doch nicht.
FRAU *zum Mann* Ich kann das nicht länger – *Würgt.*
MANN Liebe, gute Frau Habersatt – meine Frau, ich sehe es
ihr an, muss gleich wieder kotzen, sie kotzt jeden Abend,
seit wir wissen, wie unsere Tochter – statt einzuschlafen,

kotzt sie kurz mal ein paar Runden in die Kloschüssel und manchmal auch daneben. Liebe gute Frau Habersatt, Sie brauchen sich nicht schuldig zu fühlen, und es ist nicht nötig, dass Sie sich entschulden, Entschuldigung, entschuldigen. Sie müssen nicht auf das Kreuz starren, wir waren einmal Christen, aber unser Glaube hat uns nicht geholfen, er hat uns erledigt; das Kreuz eine höhnische Reminiszenz an friedliche Tage. Bitte wenden Sie sich an Ihren Beichtvater; wir haben unser Kind nicht zum Täter erzogen, wir haben den Erziehungsauftrag falsch verstanden; wir haben unser Kind zum Opfer erzogen, hilfsbereit, freundlich und voller Vertrauen, jederzeit bereit zu geben, und zuzuhören, und mitzufühlen, und sagen Sie nicht noch einmal, Sie können nichts dafür, denn wir, wir können auch nichts dafür, wir sind Mitglieder einer Gesellschaft, die an Konfliktlösung durch Reden glaubt, das wurde uns mühevoll beigebracht als eine Art Nachkriegsbuße, und jetzt gehen Sie bitte und verzeihen Sie bitte bitte dass ich schreie –

Pause.

Das hätte ich ihr alles gerne gesagt, aber ich tat es in der Wirklichkeit nicht, nur in meinem Kopf. In der Wirklichkeit bot ich ihr eine Tasse Tee an, ich setzte mich zu ihr auf die Armlehne, hielt ihre feuchte Hand, umhüllte sie mit meiner Anteilnahme, während meine Frau unter den Tisch gerutscht war, wimmernd, und in ihre Kotze hineinheulte, und als es dunkel wurde, knipste ich die Stehlampe an und fragte: Liebe Frau Habersatt, dürfte ich Sie vielleicht nach Hause fahren? Oder würden Sie lieber in unserem Gästezimmer übernachten, damit Sie nicht so allein sind?

3.

Franz findet Arbeit, Frau Zucker ein Zuhause, Rosa die Hoffnung

Bei Rosa und Franz zuhause. Nur ein Zimmer, nur das Nötigste. Ein Tisch, der auch Bett, oder ein Bett, das auch Tisch ist. Ein Fernseher mit dem Standbild des PRÄSIDENTEN, durch Bildstörung abwechselnd geviertelt oder verzerrt.
Rosa und ihre Mutter, Frau Zucker, die einen Verband am Fuß hat und auf Krücken geht. Rosa hat rote Haare und gleicht der ertrunkenen Frau aus Szene 1.
Schweigen.

FRAU ZUCKER *raucht* Wenn ich ein Tankwart wäre –

Schweigen.

FRAU ZUCKER Wenn ich ein Tankwart wäre –
ROSA Ach, Mama.

Schweigen.

FRAU ZUCKER Wenn ich ein Tankwart wäre, dann genügte eine Zigarette, um alles in die Luft zu jagen. *Pause.* Das denke ich manchmal. *Pause.* Aber ich habe nicht mal Gas zuhause. Wo soll ich da anfangen.
ROSA Ach, Mama.

Schweigen.

FRAU ZUCKER Und, wie geht's dir so.
ROSA Ach Gott.

Pause.

FRAU ZUCKER Immer noch jeden Tag ins Büro.
ROSA Neun bis fünf.
FRAU ZUCKER Immer noch Verkaufsleiterin.
ROSA Ach, Mama.
FRAU ZUCKER Ich habe da neulich angerufen, bei deinem Versandhandel. Wegen des Sonderangebots: ein Blutdruckmessgerät für 5 Euro 95, das ist wirklich sehr günstig. *Pause.* Aber das warst nicht du am Telefon.
ROSA Aber Mama, da gibt es doch ganz viele wie mich.
FRAU ZUCKER Und das lässt du dir gefallen.

Schweigen.

FRAU ZUCKER Dass du deine Möglichkeiten nicht nutzt –

Schweigen.

FRAU ZUCKER Wenn ich nochmal in deinem Alter wäre, dann würde ich keine Diabetes mehr entwickeln. Aber der Zeh ist schon ab, der Rest nur noch eine Frage der Zeit –
ROSA Aber Mama –
FRAU ZUCKER Wenn ich ein Tankwart wäre –

Auftritt Franz. Sieht in die Runde, als wolle er etwas sagen. Starrt stattdessen auf den PRÄSIDENTEN.

FRAU ZUCKER Na mein lieber Franz, noch immer arbeitslos.
FRANZ *zu Rosa* Abendschatz.
ROSA Abendschatz.

Schweigen.

FRANZ Tag auch, Schwiegermama.

Franz setzt sich vor den Fernseher, gebraucht die Fernbedienung wie eine Waffe gegenüber dem Bildschirm, der PRÄSIDENT bleibt hartnäckig zerfetzt. Pause.

FRAU ZUCKER Und, wieviele Wartenummern haben wir heute abgesessen.

Pause.

FRANZ Gehören die alle zu dir, die Koffer vor der Tür.
FRAU ZUCKER Schau Rosa, ich war im Krankenhaus gestern. Nachuntersuchung. Du solltest ihn dir ansehen, den Zeh, vielmehr den Nichtzeh, die Wunde ist brandig und frisst sich hier rauf. Sagt der Arzt zu mir, Frau Zucker, sagt er, Ihre Diabetes ist im Endstadium. Da heilt nichts mehr. Wir müssen den Fuß amputieren bis zum Knöchel. Ich kann mir mein Insulin nicht mehr spritzen, die Augen sind so schlecht; und überhaupt muss eine Versorgung her. Aber die nehmen mich nur ambulant, Kassenpatientin. Versteht ihr. *Holt Luft. Pause.* Und ich brauch eine Ansprache. Eine Ansprache. Ich bin doch auch ein Mensch.
ROSA Du gehst ins Heim?
FRAU ZUCKER Wisst ihr, ich hatte meine Träume. *Pause.* Vierzig Jahre lang hab ich meine Träume auf dem Postamt geträumt, vierzig Jahre lang. Und das mit Abitur. *Pause.* Und mit vier Kindern, und wo sind sie jetzt. Nur du bist mir geblieben. *Pause.* Keine Väter weit und breit. *Pause.* Ich war Kommunistin und wollte alles alleine machen.

ROSA Das war ein Fehler, Mama.

FRAU ZUCKER Du sagst es, Rosa. Dienen sollst du den Menschen, dienen. *Pause.* Dein Mann hatte die schönsten Aussichten, aber er hält nicht mal durch bis zum Physikum.

FRANZ Ihr könnt mir die Überraschung nicht ansehen.

FRAU ZUCKER Lieber geht er stempeln.

Pause.

FRANZ Seit heute nicht mehr.

ROSA Du fängst wieder an –

FRAU ZUCKER Na, da gratulier ich aber herzlich.

FRANZ *unterdrückte Freude* Ja, ja, ja, seit heute nicht mehr.

FRAU ZUCKER Ich hätte gerne studiert, gerne studiert. Was. Weiß ich nicht. Jura vielleicht, ich glaube, das sind Juristenhände. Das sind Juristenhände, genau wie der Franz da mit eindeutigen Medizinerhänden herumläuft. Schau sie dir an, Medizinerhände. Ich habe ein Semester Jura angefangen und wieder aufgehört. Die Bücher waren zu dick. Die Sätze waren zu lang. Alles in allem ein Dickicht. Und weit und breit keine Machete – oder irgendeine Lichtung.

ROSA Mama, du hast nie Jura studiert, kein bisschen –

FRAU ZUCKER Es hätte aber sein können. Es hätte sehr gut sein können. *Pause.* Oder ich glaube, es war – Archäologie. Ja, das wars. *Sieht auf ihre Hände.* Archäologenschaufeln. *Pause.* Ich habe sie ausgegraben, die Gedichte des menschlichen Herzens, seine Traurigkeit und seine Reime. *Schweigen.* Unendliche Möglichkeiten, unendliche Möglichkeiten liegen vor euch.

FRANZ Ich werd nicht mehr studieren. Meine Hände, die wollten was anderes. Meine Gedanken wollten was anderes. Ich hab eine Arbeit gefunden.

Pause.

ROSA Oh Franz, liebster, liebster Franz, dann können wir ja endlich – dann kann ich daran denken – dann dürfen wir –

FRAU ZUCKER Sie stottert herum, als wär sie schon schwanger und besoffen von Hormonen. Aber ein Kind, das kann der liebe Franz vielleicht gar nicht bezahlen, jetzt, wo ich bei euch wohnen werde.

Schweigen.

ROSA Du hast doch gesagt, du gehst ins Heim.

FRAU ZUCKER Das hast du gesagt. Ein Heim kann ich mir nicht leisten, ich komme zu euch. Ich übergebe euch die Verantwortung für mich. Ungern. *Schweigen.* Ja, das ist meine Überraschung.

Schweigen.

ROSA Mama, wir haben nur ein Zimmer. Und einen Tisch, auf dem wir schlafen, oder ein Bett, auf dem wir essen.

FRAU ZUCKER Eine weiche Matratze, und eine spanische Wand zwischen mir und euch, das genügt. Seid doch nicht so einfallslos.

ROSA Ich bin den ganzen Tag auf Arbeit –

FRAU ZUCKER Wenn der Franz gut verdient, kannst du kündigen.

Franz öffnet und schließt seine Fäuste.

FRAU ZUCKER Vierzig Jahre lang hab ich meine Träume auf dem Postamt geträumt, vierzig Jahre lang. Ich brauch eine Ansprache. Ich bin auch ein Mensch.

ROSA Ja, Mama. Du bist auch ein Mensch.

FRAU ZUCKER Wenn ich ein Tankwart wäre –

Franz öffnet und schließt seine Fäuste. Frau Zucker geht ihre Koffer holen, Rosa hilft.

FRAU ZUCKER Ich möchte jetzt noch kein Enkelkind, liebe Rosa. Das könnt ihr machen, wenn von mir nichts mehr übrig ist, was man amputieren könnte. Dann habt ihr Platz genug – Verbrennt mein altes Herz und zeugt ein neues. Aber ein Kind, das grade laufen lernt, und mein Bein geht nur noch bis hier, das mach ich nicht mit –

Franz öffnet und schließt seine Fäuste.

FRANZ Beim Verbrennen kann ich dir behilflich sein.

FRAU ZUCKER Franz, du redest so wenig, und das Wenige verstehe ich dann auch nicht.

FRANZ Ab morgen bin ich bei Berger. Berger & Söhne.

ROSA Was ist das. Ein Handelsunternehmen. Eine Fabrik. Eine Spedition.

FRANZ Bestatter. Ich hole die Verstorbenen ab, wasche sie, kleide sie an, bahre sie auf, sarge sie ein. *Pause.* Ich habe ihre Haut gefühlt. Das Leben erkaltet ganz langsam, und zurück bleibt ein glühender Kern.

ROSA *ernst* Das ist ein schöner Beruf, Franz. *Pause.* Das ist ein schöner Beruf mit einer Seele. Und einer großen, großen Verantwortung. Das gefällt mir, das gefällt mir sehr.

FRANZ *leise* Rosa, ich liebe dich.

ROSA *leise* Ich liebe dich auch.

FRANZ *leise* Jetzt werden wir ein Kind haben.

ROSA *leise* Jetzt werden wir ein Kind haben.

Frau Zucker packt ihre Koffer aus und macht sich ein Bett zurecht.

FRANZ Soll ich dir helfen, Mama.
FRAU ZUCKER Leichenwäscher.
FRANZ Eine Dienstleistung.
FRAU ZUCKER Dann bin ich ja in sauberen Händen, wenns soweit ist. Und was verdient man da.
FRANZ Es wird schon reichen, Mama.
FRAU ZUCKER Wieso sagst du Mama zu mir. Du nicht. *Pause.* Ich hatte ein Menschenbild und einen Traum vom Glück. *Pause. Schaltet den PRÄSIDENTEN ab.* Ich wollte die Menschen befreien von ihren Tischtennisvereinen. *Pause.* Jetzt träume ich von einer Zigarette zur anderen. Aber was hinterlasst ihr. Außer Anschmiegsamkeit.

Frau Zucker legt sich schlafen. Schweigen.

FRANZ Ich wäre kein guter Arzt geworden. Mir fehlt das Mitleid.
ROSA Ich weiß. Du kannst durch mich hindurch sehen, als stünde hinter mir ein anderer Mensch. Aber unser Kind wird dich anschauen wie ein Spiegel. Vielleicht findest du dann eine Ruhe.

Franz und Rosa legen sich schlafen. Es wird dunkel. Auftritt leise und langsam die ertrunkene Frau mit den roten Haaren. Sie ist nackt, eine wandelnde Tote, legt sich zwischen Rosa und Franz.

4.

Ella I

Helmut, Ellas Mann, hat eine Goldschmiedelupe im Auge und ist mit der Herstellung von etwas sehr Kleinem zwischen seinen Händen beschäftigt. Im Fernsehen läuft eine Ansprache des PRÄSIDENTEN. Ella sieht zu und hat den Ton stumm geschaltet.

ELLA Ich habe dem Präsidenten
   wieviele Artikel geschrieben, Essays, sogar
   Leserbriefe an seine Zeitung
   und an seinen Fernsehkanal.
   Als Antwort auf seine Reden.
   Aber keinen einzigen davon abgeschickt.
   Keinen einzigen Text abgeschickt.
   Dem Populismus die Grenzen weisen,
   der Verdummung,
   dem Volksrednertum.
   Oder
   selber zur Volksrednerin werden.
   Pause.
   Aufklärung.
   Lacht.
   Ich will mich nicht mit Politik beschmutzen,
   letzten Endes;
   diese Tagesgeschäfte gehen vorüber,
   eine Fußnote der Historie, eine brüchige Diskette im
                                                    Archiv;
   die Tagesgeschäfte lösen sich auf
   in der Geschichte der großen Umwälzungen,
   die erst noch kommen werden.

Pause.
Aber wer glaubt daran noch.
Pause.
Ich habe die Bücher, die ich geschrieben habe,
verbrannt,
den großen Weltveränderungsentwurf,
die utopische Gesellschaftstheorie
und wie sie Wirklichkeit werden könnten.
Ich habe sie verbrannt,
bevor es andere tun,
weil sie nichts mehr mit Ideen anfangen können.
Pause.
Du denkst, man darf sich nicht zu fein sein für die
Scheiße,
wenn man gut düngen will,
nicht wahr, Helmut.
Aber ich glaube nicht mehr an das Uns, an das Wir,
das Große Ganze und
dass das Wir etwas verändern kann.
Lacht.
Ich glaube nur noch an die Kontingenz.
Die Zufälle, die Irrtümer, die Imponderabilien,
die imponieren mir.
Und das sogenannte Sinnstiftende,
das überlasse ich den Politikern,
das Sinnstiftende überlasse ich leichtherzig
den Naturwissenschaftlern.
Und schaue mir an, was dabei herauskommt.
Rheumatische Klonschafe.
Einstürzende Hochhäuser.
Genozide im Inneren Afrikas.
Geht zu ihm, sieht ihm über die Schulter.
Und manchmal ein besonders schönes Schmuckstück.

Pause.
Fernsehen. Straßenschlacht.
Sieh dir diese Kinder an.
Sie haben nicht verstanden,
dass Politik nicht auf der Straße gemacht wird.
Sie arbeiten dem Präsidenten in die Hände
mit ihren Demonstrationen.
Wenn Demonstrationen zu irgendetwas nütze wären,
wären die Leute nur noch auf der Straße;
überall, Tag und Nacht, würde pausenlos
für oder gegen irgendetwas demonstriert werden.
Sieh dir das an,
überall Tränengas,
überall Wasserwerfer,
und überall diese Kinder.
Sieh dir diese Kinder an –
Schweigen. Helmut in seine Arbeit vertieft. Ella gibt ihm
einen leichten Schlag auf den Hinterkopf.
So wie die war ich auch mal –
ich erkenne mich wieder,
wenn auch in entstellter Form.
Bei dir hingegen
hat sich nichts verändert.
Seit Jahrzehnten keinerlei Veränderung,
nicht die geringste.
Aber gerade das liebe ich an dir.
Das Beständige. Das Zuverlässige.
Die völlige Abwesenheit von Fragen.
Selbstzweifel, Weltekel, Entdeckergeist,
lauter weiße Flecken auf deiner Landkarte.
Gibt ihm einen leichten Schlag auf den Hinterkopf.
Romantisch.
Weißt du noch –

Mein Herzstück.
Schweigen.
Das Herzstück meiner Theorie war einmal –
Das Herzstück meiner Theorie ist jetzt –
die Unzuverlässigkeit der Welt.
Das einzige Buch, das ich nicht verbrannt habe.
Pause.
Das einzige Buch, an das ich glauben könnte.
Im Fernsehen wieder der PRÄSIDENT.
Die Wirtschaft und die Naturwissenschaften,
das sind die Religionen unserer Zeit.
Sie sagen Wirtschaft und meinen Wachstum,
sie sagen Wirtschaft und meinen Profit.
Das Kapital,
auch ein aus der Mode gekommenes Wort.
Letztes Jahr zu Weihnachten
bekomme ich von meiner Bank
einen Brief mit einem Rezept für Weihnachtsplätzchen.
Oh toll, das Kapital denkt an mich,
das Kapital möchte sicher gehen,
dass meine Weihnachtsplätzchen gelingen.
Vielleicht sollte ich das Kapital mal
zu uns nach Hause einladen,
was meinst du, Helmut,
damit wir uns näher kommen,
und am Ende könnte ich ihm das Du anbieten.
Pause.
Wie werben die eigentlich bei Kleinkunden in
sagen wir, Manila.
Wie mache ich Schuhe aus Gummireifen.
Wie flicke ich Geldscheine.
Wie baue ich monsunsichere Wellblechhütten.
Schweigen. Der PRÄSIDENT spricht immer noch tonlos.

Die Unzuverlässigkeit.
Der Widerstand.
Pause.
Manche Kollegen haben jetzt eine eigene Talkshow.
Nachts. Nachts wollen ein paar Zuschauer wissen,
wie so ein Philosoph menschlich aussieht.
Pause.
Den Ton drehe ich ab.
Ich sehe mir diese Münder an,
wie sie zweifellos Worte formen können. Erstaunlich.
Pause.
Die Geisteswissenschaften haben den Widerstand
längst aufgegeben.
Gibt Helmut einen Schlag auf den Hinterkopf.
Aber uns kümmert das nicht,
nicht wahr, Helmut.
Wir haben andere Sorgen.
Ist der Stein auch lupenrein.
Wird es auch ein Schmuckstück sein.
Pause.
Alles beantworten die Naturwissenschaften,
die Geisteswissenschaften beantworten nichts mehr.
Die Geisteswissenschaften stellen nicht einmal mehr
                                        Fragen,
die Geisteswissenschaften dämmern einfach nur noch
                                        vor sich hin.
Die Geisteswissenschaften haben weder Wirkung
noch Erfolg,
und das wurmt sie.
Gibt es Eizellen ohne Ei,
gibt es ein Leben mit geklonten Genen,
kann man denken ohne Gehirn,
alles beantworten die Naturwissenschaften,

vielmehr, sie beantworten es nicht,
aber sie finden für jede Antwort die passenden Beweise.
Ich werde mich den Naturwissenschaften nicht länger
verweigern,
ich werde mich den Naturwissenschaften
anschließen,
den -lern, den Naturwissenschaftlern,
ich werde einen Naturwissenschaftler ficken
und klüger sein.
Getreu der Erkenntnis:
nicht das genetische Erbe, der Umgang machts.
Lacht.
Teile der Naturwissenschaften,
die sich am wichtigsten nehmen,
heißen jetzt Bio Sciences.
Lacht.
Da ist alles drin,
und raus kommt
ein neuer Mensch.
Nicht wahr, Helmut.
Gibt ihm einen Schlag auf den Hinterkopf.
Ein neuer Mensch,
der die alten Probleme lösen soll.
Ansprache des PRÄSIDENTEN.
Schweigen.
I am watching you, Big Brother.
I am watching you.

5.

Gefunden

*Fadoul an einer Bushaltestelle, durchsucht den Papierkorb,
setzt sich dann, wartet; stößt mit dem Fuß gegen eine Plastiktüte, die unter der Bank steht. Stößt absichtlich ein paar-
mal dagegen, um die Beschaffenheit des Inhalts zu prüfen.
Beugt sich hinunter, zieht nach einigem Zögern die Tüte
vor; es stecken weitere Tüten in ihr. Fadoul sieht sich um. Er
schiebt die Tüte zurück unter die Bank. Ist aber zu neugie-
rig oder zu gelangweilt und zieht sie wieder vor. Fummelt
die Öffnungen auseinander, will gerade einen Blick hinein-
werfen, als das Mädchen kommt und sich ebenfalls in die
Haltestelle setzt. Fadoul schiebt die Tüte unauffällig an ihren alten Platz. Schweigen.*

MÄDCHEN Haben Sie einen Schirm gefunden.
FADOUL Einen Schirm.
MÄDCHEN Ja, einen Schirm. Gegen den Regen oder gegen
    die Sonne. Einen para-pluie, einen para-sol, einen Schirm
    eben. Wissen Sie nicht, was ein Schirm ist.
FADOUL Hier gibt es keinen Schirm, Madame.

Pause.

MÄDCHEN Haben Sie ein Buch gefunden.
FADOUL Ein Buch.
MÄDCHEN Ja, ein Buch. So ein Ding zum Lesen. Ich habe
    es hier liegengelassen. Zusammen mit dem Schirm. Vor
    einer halben Stunde. Bin ich mit dem Bus zum Hafen ge-
    fahren und habe den Schirm und das Buch liegengelassen.
    Pause. Es ist das Buch über »Die Unzuverlässigkeit der
    Welt.«

FADOUL Es ist nicht mehr da. Kein Buch, kein Schirm. Jemand hat beides genommen und ist damit irgendwohin verschwunden.

MÄDCHEN Sie lügen. Sie haben etwas gefunden und lügen.

FADOUL Aber Madame, Sie sehen doch, es ist eine alte Tüte voller Müll, die unter der Bank steht, und sie gehört nicht mir.

MÄDCHEN Nein, das sehe ich nicht. Ich kann nicht sehen.

FADOUL Sie können nicht sehen?

MÄDCHEN Sind Sie taub. *Pause.* Bescheißen Sie mich nicht. Sie haben das Buch in der Tüte versteckt.

FADOUL Ich verstecke keine Bücher. Schon gar keine, die, wie ich annehmen muss, in Blindenschrift geschrieben sind.

MÄDCHEN Sie haben den Schirm in der Tüte versteckt.

FADOUL Pfff, an einem Tag, wo weit und breit kein Regen zu sehen ist. An einem Tag, wo weit und breit keine Sonne zu sehen ist, werde ich einen Schirm stehlen.

MÄDCHEN Ja, es gibt Leute, die denken an morgen und sorgen vor.

FADOUL Sie sind wirklich und wahrhaftig blind, hm. *Lacht.* Wissen Sie, Madame, ich bin schwarz, und ich bin Ausländer, ich arbeite im Hafen ohne Genehmigung, und wenn ich einen Schirm oder ein Buch oder irgendetwas anderes stehlen würde ohne Genehmigung, dann wäre ich auch noch ein ausgewiesener Dummkopf, und wenn ich einen Schirm oder ein Buch ohne Genehmigung von einer Blinden stehlen würde, dann wäre ich ein dummes schwarzes Schwein, das man im Hafen ertränken sollte. Jetzt habe ich alles gesagt.

Schweigen.

FADOUL Ich könnte Ihnen meine Jacke leihen. Gegen den Regen, der morgen fallen wird.

Schweigen.

FADOUL Bitte, dann sehen Sie doch nach in der Tüte. *Er schiebt sie ihr hin.* Bitte, fassen Sie ruhig in den Dreck, aber wischen Sie Ihre Finger nicht an mir ab, Madame.

MÄDCHEN Jeden Tag versucht einer mich zu bescheißen, mit dem Wechselgeld oder etwas anderem, irgendeiner, den ich nicht kenne, versucht mich zu bescheißen, und wenn ich vor ihm stehen bleibe und eine Antwort erzwinge, dann erschreckt ihn seine Unachtsamkeit. Aber an Weihnachten ist er ein guter Bürger und spendet für die Seenotrettung.

Pause.

FADOUL Wieso Seenotrettung.

MÄDCHEN Dauernd gerät an dieser Küste jemand in Gefahr. Dauernd braucht an dieser Küste jemand Hilfe.

Pause.

FADOUL Hilfe. *Pause.* Einem Dieb hacken sie die Hand ab, wo ich herkomme, und wenn er mit der anderen weiterstiehlt, hacken sie ihm die zweite auch ab. Und wenn er einen Meineid spricht, schneiden sie ihm die Zunge ab, und wenn er Ehebruch begeht, steinigen sie ihn. Und wenn er tötet, wird er hingerichtet. Ein Dieb wäre schon längst fort, mit den Beinen unterm Arm, und deswegen haben Sie keine Menschenkenntnis, Madame.

MÄDCHEN Seien Sie nicht böse. Ich glaube Ihnen. *Pause.* Gibt es noch eine andere Strafe, in Ihrem Land.

FADOUL Es gibt noch viele Strafen, und es gibt sogar Strafen, von denen nicht einmal die Gelehrten wissen. Die Richter sind nicht arm im Erfinden.

MÄDCHEN Und gibt es auch die Strafe, dass einer geblendet wird. Und wenn es die Strafe gibt, und einer wird geblendet, was ist es, das er verbrochen hat?

Schweigen.

MÄDCHEN Was für ein Verbrechen kann einer begehen, nur mit seinen Augen.

Schweigen.

FADOUL Er kann etwas sehen, das nicht für Augen bestimmt ist, und nicht darüber schweigen.

MÄDCHEN Dann hätte doch nicht er ein Verbrechen begangen, sondern die, die das tun, was nicht für Augen bestimmt ist.

FADOUL Der Blick, den die Richter darauf werfen, kann ein anderer sein. Die Richter sehen mit den Augen der Gerechtigkeit, und die Gerechtigkeit bei uns ist die Scharia. Und selbst wenn die Gerechtigkeit nur noch auf einem Bein steht und nur noch auf einem Auge sieht, sie schwankt nie und fällt nie um, nie.

MÄDCHEN Bei uns hat die Gerechtigkeit von vorneherein verbundene Augen, das ist eine lange Geschichte, die von den Römern kommt.

Fadoul lacht.

MÄDCHEN Sie sind sehr taktvoll.

Pause.

FADOUL Weil ich nicht frage.

Das Mädchen nickt.

FADOUL Beinahe hätte ich gefragt. Beinahe hätte ich gefragt, wer Ihnen die Augen verbunden hat, aber jetzt tue ich es nicht mehr, Madame.

MÄDCHEN Warum nennen Sie mich immer Madame.

FADOUL Ich weiß nicht, sagt man das nicht. Ich versuche, höflich zu sein. Wie man es macht, einer Fremden gegenüber, von der man sich wünscht, dass die Fremdheit weicht.

MÄDCHEN Ist meine Stimme so tief, so tief wie die einer Madame.

FADOUL Tief, tiefer. Ihre Stimme ist tief wie die einer Vollkommenen. Absolut.

MÄDCHEN *lacht* Absolut.

FADOUL Ja, genau. *Lacht.*

MÄDCHEN *lacht* Nein, Sie haben gerade meinen Namen erraten. Ich heiße Absolut. Die Vollkommene.

FADOUL Absolut, freut mich sehr, absolut, ich heiße Fadoul.

Sie schütteln Hände.

MÄDCHEN Wenn jetzt der Bus zum Hafen kommt, dann lasse ich ihn einfach weiterfahren. *Pause.* Außer Sie wollen auch zum Hafen.

FADOUL Ja, aber ich – ich warte noch auf meinen Freund. Mein Freund kauft Zeitungen. Wissen Sie, gestern ist ein Unglück passiert, und heute sehen wir nach, ob es in der Zeitung steht.

MÄDCHEN Um zu wissen, wie sich die Schuld verteilt.

FADOUL Um zu wissen, wie sich das Wissen über die Schuld verteilt. Ob wir uns fürchten müssen vor schlaflosen Nächten; mein Freund fürchtet die schlaflosen Nächte seines Gewissens.

MÄDCHEN Was war das für ein Unglück.

FADOUL Dauernd gerät an dieser Küste jemand in Gefahr. Dauernd braucht an dieser Küste jemand Hilfe. *Lacht.* Wollen mal sehen, vielleicht finden wir ein vergessenes Schlückchen, Absolut, in dieser alten Tüte, damit wir unsere Begegnung begießen können.

Er kramt die Tüte vor.

FADOUL Nur Müll. *Immer mehr Tüten kommen zum Vorschein.* Nichts als Müll in Tüten. *Zieht eine Tüte aus der anderen, hält verärgert inne, geht zum Papierkorb.* Ich kauf uns ein Fläschchen am Kiosk. *Will alles wegwerfen, erhascht einen Blick auf den Inhalt. Stutzt, sieht genauer hin, wühlt sich in die Tüte hinein.* Heilige Scheiße –

MÄDCHEN Was ist, was haben Sie –, was hast du gefunden, Fadoul.

Fadoul rafft die Tüten zusammen und zieht sie aus dem Papierkorb. Setzt sich auf die entgegengesetzte Seite der Bank, die Tüten außer Reichweite des Mädchens an sich gepresst.

FADOUL Abfall, Dreck, Abfall, Dreck.

Der Bus kommt. Absolut bleibt gelassen sitzen und lässt ihn weiterfahren, Fadoul unterdrückt den Impuls, einzusteigen und zu verschwinden.

MÄDCHEN *lacht* Wenn Sie ein Dieb wären, wäre das Ihre

Gelegenheit gewesen, jetzt wären Sie verschwunden, mit einem unauffälligen späten Abschied.

FADOUL *zerstreut* Ja, sicher.

MÄDCHEN Ich glaube, ich vertraue Ihnen. Ich vertraue und glaube Dir.

Schweigen. Fadoul versucht, heimlich einen Blick in die Tüte zu werfen.

MÄDCHEN Ich arbeite auch am Hafen. Allerdings mit Genehmigung, und ich liebe meine Genehmigung sehr, ehrlich gesagt.

FADOUL Was –

MÄDCHEN Ich tanze. Ich tanze in einer Bar am Hafen. Ich habe eine kleine runde Bühne mit einer golden glänzenden Stange in der Mitte, und wenn die Musik anfängt, gehört sie mir ganz alleine, und ich tanze für die Männer, die mir zusehen wollen.

Schweigen.

MÄDCHEN Die Stange ist meine Hilfe, sie ist meine Orientierung, mein Halt, mein Wegweiser. Sie ist mein Blindenstock. Und natürlich ist sie auch alles andere und vor allem das, was du dir jetzt vorstellst.

Schweigen.

MÄDCHEN Enttäuscht dich das.

FADOUL Nackt. Du bist nackt, wenn du tanzt.

MÄDCHEN Ich ziehe mich aus, bis auf einen Tanga, der meine Scham bedeckt. Und auf den Brüsten habe ich kleine, goldene Sterne, die reichen gerade über –

FADOUL Schon gut, schon gut.

MÄDCHEN Du bist schockiert.

FADOUL Pfff, nicht im geringsten, in meiner Heimat, da haben wir sowas – an jeder Ecke, also das ist praktisch –

MÄDCHEN Gang und gäbe.

FADOUL Ja, es ist so verbreitet, dass es überhaupt keinen Ausdruck dafür gibt - - Meine Güte, du bist eine ganz ausgekochte, durchgebrühte und mit allen Ölen gesalbte Stripperin, mein Lieber, mein Lieber –

MÄDCHEN Willst du mir nicht zusehen.

FADOUL Ich – Niemals. Darauf steht blenden, das sag ich dir. Blenden mit einem glühenden Feuereisen, dass es nur so zischt.

MÄDCHEN *nimmt seine Hand* Sieh mir zu, bitte. Ich möchte, dass du mich ansiehst, am ganzen Körper.

FADOUL Ja, aber doch nicht mit anderen Männern zusammen, ich bin kein –

MÄDCHEN Du willst mich also ansehen, wenn wir allein sind; wenn ich nur für dich tanze, dann würdest du mich ansehen.

FADOUL Ja, das wär möglich, das würd ich vielleicht, ja, ich glaube, dazu könnte ich mich überreden.

MÄDCHEN Fadoul, ich werde für dich alleine tanzen, ich werde mich für dich alleine ausziehen, aber zuerst wirst du mich ansehen müssen wie alle anderen Männer auch. Und du wirst sehen müssen, wie alle anderen Männer mich ansehen am ganzen Körper: auf der Straße, wenn ich an ihnen vorbeigehe, tun sie es heimlich und scheu, denn sie glauben, ich könnte ihre Blicke spüren; und die Heimlichkeit ist eine Verachtung für mich; aber wenn ich für sie tanze in der Bar, dann sehen sie mich offen an, und ich weiß, dass sie mich ansehen und dass sie mich begehren, und deshalb achte ich sie.

FADOUL Und ich soll sein wie die anderen, ich soll dich ansehen wie die anderen. Das verstehe ich nicht.

MÄDCHEN Aber du bist doch wie die anderen. Und deshalb werde ich dich vielleicht lieben können. Oder denkst du, du bist nicht wie die anderen. Wenn du denkst, du bist nicht wie die anderen, könnte ich dich nicht lieben.

FADOUL Ich bin ein bisschen wie die anderen. Aber ich bin auch ein bisschen anders. Nein, wenn ich ehrlich bin, bin ich ganz schön anders. Nein, wenn ich ehrlich bin, bin ich wie die anderen. Gut, also ich bin wie die anderen.

MÄDCHEN Wenn du bist wie die anderen, sage ich dir, dass ich im Blauen Planet tanze, damit du kommen und mir zusehen kannst, jeden Abend um Mitternacht. Und jetzt sag mir, wo du wohnst, damit ich dich besuchen und holen kann, wenn du nicht in den Blauen Planeten kommst.

FADOUL Wir, wir wohnen in diesem Hochhaus, mein Freund Elisio und ich. In dem Bürohochhaus, gegenüber der Tankstelle, solange es leersteht und bevor es abgerissen wird.

MÄDCHEN Im Selbstmörderhochhaus.

FADOUL Im Asbesthochhaus.

MÄDCHEN Wenn jetzt der Bus zum Hafen kommt, werde ich einsteigen.

FADOUL Ich muss auf meinen Freund warten.

MÄDCHEN Ich weiß. *Pause.* Und du musst endlich in die Tüte sehen.

Der Bus kommt. Absolut steigt ein. Fadoul sieht in die Tüte. Schweigen.

Auftritt Elisio mit Zeitung, Schirm und Buch.

ELISIO Schau mal, was ich gefunden habe. In Blindenschrift.

6.

Springen oder Nicht springen

Ausschlafen Für immer Für immer ausschlafen
Bisschen makaber
Is dafür Is eindeutig dafür
Weißt du außerdem gar nich
Könnte aber
Weißt du aber nich
Weiß keiner Könnte aber
Pause.
Solln dis gehn Stellstn dir vor Ewiger Schlaf oder was Is
doch langweilig Nee Is kein dafür
Wieso nich Endlich Ruhe Willste doch immer
Schon Aber Doch nich dauernd Doch nich für ewig Kann
man sich eh nich ausdenken
Du nich
Solln dis jetze
Pause.
Ewig is keine Zeit Wenn du erst mal drin bist im Ewig dann
merkste dis gar nich Dann weißte gar nich mehr was Zeit is
Dann denkste nich mehr in Tage un Stunden Wenn dann ei-
ner kommt und fragt dich wie spät ham wirs guckste den nur
noch an und sagst hä
Schon klar Schon klar
Musste keine Angst mehr ham vor morgen zun Beispiel weil
morgen gibts gar nich mehr Nächste Woche gibts nich In ein
Jahr gibts nich Is alles jetze Is alles im Moment Wenns nich
im Moment is isses gar nich
Schon klar Schon klar
Schweigen.
Aber Gedächtnis

Hm
Gedächtnis gibts noch
Pause.

Denk schon
Gestern gibts noch Vorige Woche gibts noch Letztes Jahr
auch
Denk schon
Siehste Is nich alles nur jetze
Dis andre is nur in dein Kopf Dis von früher
Is doch egal wos is Wenns mir weh tut Meinetwegen isses im
Knie oder inner Ohrmuschel Wenns mir weh tut
Pause.
Ich will dass es weg is Alles was mir weh tut von früher soll
weg sein
Schweigen.
Stop mal Stop mal ham wir uns verrannt Ich denk es is so Im
Ewig gibts kein gestern Wenns kein morgen gibt gibts auch
kein gestern Is doch logisch Is alles eins und dasselbe Immer
jetze Sag ich doch
Klingt irgendwie komisch Is wie mit dein Ausschlafen
Wenns dis is ich mein wenns dis is ein einziger Tag der nie
aufhört oder der sich dauernd wiederholt und du weißt nich
wo das Ende is und wo der Anfang Ich find dis klingt nich
gut
Pause.
Wenn ich mir vorstell wie froh ich oft bin meistens eigentlich wenn son Tag rum is und da wär auf einmal überhaupt
nur einer ein einzigster und der würd sein Schluss überhaupt
nich mehr finden nee weißte klingt nich gut
Dis versuch ich dir ja zu erklären Is der eine Moment in dem
fühltste dich gut denkst was angenehmes um dich rum Zu-
ckerwatte keine schlechten Energien kein Ärger ungefähr so
wie uff Droge ziemlich genau so

Schon klar Schon klar
Ergo Und jetze dieser Moment hört überhaupt nich mehr
auf dis is der verdammte Trick darum gehts N unfassbarer
Dauersuperspitzenorgasmus inner Ewigkeit
Dis würd mich umbringen
Da willste nich mehr runterkommen Da willste nich mehr
runterkommen
Und was is mit Hölle un ewiger Verdammnis und schlech-
tem Karma und Wiedergeburt und dem ganzen Scheiß
Soll sein
Frag mal son Pfarrer Son Mufti Son Buddhaanhänger
War einer von denen schon da Hats einer gesehn mitte eich-
nen Augen
Kennste dis nich Wo de eigentlich schon tot bist Alle ham
dich aufgegeben Mama un Papa heulen an deim Bett Der
Oberarzt wackelt betrübt mim Kopf und du schwebst voll
über der ganzen Angelegenheit voll aus dir rausgetreten voll
durchn Tunnel durchgezischt anner annern Seite ans Licht
Jetzt hängste da oben über dir selber drüber und guckst dem
Doc auf die Glatze
Kenn ich
Und Was sagste
Die warn nich in echt tot sag ich nur Hat dis was mit Wis-
senschaft zu tun sag ich nur Is dis seriös Dis is Vermischtes
vonner letzten Seite
Schon klar Schon klar
Schweigen.
Und was is mit dein früheren Leben
Soll sein
Kannste dich erinnern Kannste dich da dran erinnern Wenns
Gedächtnis gibt kannste dich da dran erinnern
Denk schon
Was mal war weißte und vergisstes auch nich

Nee Du musst ja auch im Ewig ne Ahnung ham wer du bist
und dass du du bist un nichn anderer
Schon klar Schon klar
Schweigen.
Was meinste
Also was dann is wissen wir nich sicher
Weiß keiner
Is halt Risiko
Seh ich auch so
Weiß keiner
Was meinste Isses n dafür oder n dagegen
Eher dafür Risiko is eher dafür
Weiß halt keiner
Wir findens selber raus In jedem Fall
Schon klar Schon klar

7.

Frau Habersatts Fälle II

Paar Leute rennen die Straße runter
mir entgegen
Sie schreien wehweh wegweg
Oder sie schreien
nichts
Ich begreif das nich begreif das nich
Das Kind zerrt meine Hand und
Ich bin nur kurz mit dem Hund
Irgendwas kommt näher
Und was
Da Schüsse wo Schüsse wo
Woher soll ich wissen wohin
Eine F-Frau wirft sich zu Boden aus
ihrer Plastiktüte rollen O-Orangen Ei-Eier
zerbrechen
Das zarte Knacksen der Schalen
der Hund leckt daran herum
Wohin wollen Sie denn rennen was was wollen Sie tun
Der neben mir bricht er bricht wech annie Mauer strullert
                                                    Blut
Werf ich mich und das Kind unter mich da wars schon rot
Direkt auf die Hu-Hundescheiße direkt
auf die Hundescheiße hin so ein Schmerz
im Arm plötzlich es tut nicht weh weh
erst später
Und sieben waren tot
ENTSCHULDIGEN SIE
ICH HABE MICH NOCH GAR NICHT VORGESTELLT
MEIN NAME IST HABERSATT

Nee ich hab den Jungen nich gesehen
hab nur seine Beine gesehen also die Stiefel die
waren aber ganz sauba aber
Mein Gesicht auf dem Pflaster die schwarze
                              Hu-Hundescheiße
der Eidotter ü–überall das Blut aus meinem Arm das
schwarz rot gelb das war schon komisch
UND ICH BIN DIE MUTTER VON
Was ich nie vergessen werde das
Geräusch von der Automatik das kann ich nie mehr
Ich sag schalt um schalt um schalt um nannern Kanal mach
                              doch ma
ICH BIN DIE MUTTER VON
Und das Au-Au das Auge von dem tat neben mir liegen
auf dem Bürgersteig ganz allein und mich ansehen
also st–starren weil blinzeln konnts ja nich mehr
DIE MUTTER VON UDO
Schweigen.
Ich will nicht mit ihr reden kann mich keiner
zu zwingen kann mich keiner
Sieben tot einundzwanzig verletzt mir ist
nichts passiert aber
UDO DER AMOKLÄUFER
Der Schock kommt späta und bleibt für imma
und jetze wollen die uns so sychologisch betreuen will ich
                              aber nich
die mit ihrer sychologischen Betreuung
die könn mich ma
ständich dran erinnert ständich dran erinnert ständich
                              ständich

ACH DER HIESS ACHIM ACH SO
Oooch pfff ja nu
türlich isses schwierig für die Mutta

von dem Täta
Mutta is imma schwierig
KLAR
ICH BIN DIE MUTTER VON ACHIM
UND ICH BITTE UM VERGEBUNG
WENNS GEHT
Dass sie sich solche Vorwürfe macht und
was sie falsch gemacht hat der ganze Scheiß
VERGEBUNG
Eine einfache Sekretärin Druckerei
vermutlich wenig Zeit für ihn und
ich finde das muss man eher gesamtgesellschaftlich oder so
ICH HAB IMMER ZU IHM GESAGT ACHIM SAG ICH
DIESE FLECKEN GEHEN BEI SECHZIG GRAD
                                        NICHT RAUS
Und auf einmal auf einmal weiß nich weiß nich
hat er keine Munition mehr oder was
steckt sich das Gewehr in den Mund und drückt ab
ich habs gesehen ich habs gesehen ich habs gesehen steckt
                                                    sich
ES WAR NICHT BÖSE VON MIR
Hätt er auch ü-überleben können theoretisch schwer-
                                            behindert
UND HAT MIT RECHTS ALLES VERSCHÜTTET
Die Wu-wunde in meinem Arm ist schon fast verheilt
ES WAR NICHT BÖSE VON MIR
Und drückt hab ich gesehen hab ich gesehen
das fliegt einfach wech dahinten wie der Deckel von ein
                                            Schnellkochtopf
so fliegt das wech und raus alles durcheinander
DER GERUCH VON DEM FEUCHTEN DEM FRISCHEN
Kein Wort wahr kein Wort wahr von der
Schuld die Schuld von der Mutter wenn es so einfach wäre

aber sie hat ihr Kind auch verloren
schließlich und endlich
MEIN SOHN HAT GEDICHTE GESCHRIEBEN
DAS SOLLTEN SIE WISSEN
Ich bin herumgegangen und habe gesammelt
Nich alle nich alle
Aber zehn von den Ü-Überlebenden ham was gegeben
und paar von den Angehörigen
Mir ist nichts passiert letztendlich muss man da Verständnis
oder so
nur der Hund ist gestört
Achthunnert Euro ham die gesammelt spinnen die ich geb
nix
Ja eine schöne Geste
wir dachten an eine Woche
Spanien
oder so
ES IST JA BEINAH NICHTS
ES IST KEIN ES IST KEIN KONTAKT GEBLIEBEN LEIDER

Schweigen.

DEN UMSCHLAG HAB ICH AUF DIE BANK
NICHT ANGERÜHRT WO DENKEN SIE HIN
Schweigen.
ICH WEISS WAS MEIN IST UND WAS NICHT MEIN IST
Pause.
DAS FÄLLT ALLES AN DEN STAAT ZURÜCK
SPÄTER MAL
Und dann ist was Komisches passiert nämlich
die Mutter von dem Amokläufer hat sich gemeldet bei mir
wo ich doch meinen Kleinen verloren hab mein
Alexanderchen

kam sie nach der Beerdigung
also ich meine die richtige Mutter
und stellt sich raus die andere diese Frau Habersatt
das ist überhaupt keine Mutter
also ich mein
von niemand
ES IST JA BEINAH NICHTS
ES IST KEIN KONTAKT GEBLIEBEN LEIDER
Na ja wir haben sie angezeigt
als ob wir nicht schon genug
holt sich die Fälle aus der Zeitung
und läuft rum und macht einen auf Verbrechermama
hat schon alles durch
verrückt oder Vergewaltiger Raubmörder
und der Amokläufer war das Ende
für sie
ICH WEISS WAS MEIN IST UND WAS NICHT MEIN IST
und jetze die bräucht sychologische Behandlung meine
                                                    Meinung
und jetze is sie auf Bewährung
da draußen
DAS FÄLLT ALLES AN DEN STAAT ZURÜCK
SPÄTER MAL

8.

Gott schickt sich selbst in einer Tüte

FADOUL Noch kein Wort zu Elisio. Mein Versteck für das Geld ist hinter einer dieser Asbestplatten, und mein Mund ist – zugenäht. *Pause.* Ich dachte zuerst, Falschgeld. Wie kommen 200.089 Euro 77 Cent unter die Bank einer Bushaltestelle, einfach so. Zwei-hun-dert-tau-send Euro. In gebrauchten Scheinen. Plus neunundachtzig Euro siebenundsiebzig Cent in Münzen. Ich nehme also einen der 50-Euro-Scheine – viertausend 50-Euro-Scheine – und kaufe Zigaretten in einem Supermarkt, wo sie diese Lesegeräte haben. Ich sage zur Kassiererin, sehen Sie mich an, ich bin schwarz wie der Lack eines Pianos, sehen Sie diesen Schein an, ein 50-Euro-Schein, ich an Ihrer Stelle würde den Schein jetzt schleunigst unter die Lampe halten, wahrscheinlich ist er nicht echt. Sie weigert sich, sie sagt, sie ist keine Rassistin, sie sieht mich an und sagt, sie vertraut mir. Wie kommt sie dazu. Das ist doch keine Frage des Vertrauens, sage ich zu ihr, das ist eine Frage der Lebenserfahrung. Oder nicht. Sie sagt, sie versteht nicht, warum ich sie provozieren will, sie hat kein Problem mit Ausländern. Gut, sage ich, prima, sage ich, dann tun Sie doch jetzt bitte Ihre Pflicht und durchleuchten diesen Schein auf seine Echtigkeit; es gibt doch schließlich Vorschriften, oder nicht, dass jeder 50-Euro-Schein auf seine Echtigkeit zu prüfen ist, oder nicht, oder gibt es etwa einen Schwarzen-Bonus, werde ich etwa bevorzugt behandelt, weil ich schwarz bin oder was. Sie sagt, es heiße Echtheit, Echtheit, nicht Echtigkeit und sie hätte den Schein längst von alleine geprüft, wenn ich sie nicht so dumm angeredet hätte von Anfang an, denn sie lässt sich nicht dumm anreden, auch von einem Schwarzen nicht. Ich sage, verblüfft von dieser

54

weißen Dialektik, warum sie besonders nett zu mir gewesen ist, obwohl ich ihr auf die Nerven gegangen bin; wenn mir jemand auf die Nerven geht, bin ich absichtlich nicht nett zu ihm, und sie sagt, genau das wollen Sie doch erreichen, dass ich die Nerven verliere, weil ich provoziert werde, ich sage, wieso provozieren, ich möchte einfach wissen, dass sie weiß, ob dieser Schein echt ist oder nicht, und ich möchte es auch wissen, damit wir alle wieder ruhig schlafen können, und sie sagt, irgendwie herausfordernd, dann gehen Sie doch zu einer Bank, dann wissen Sies, und ich sage, ich komme von einer Bank, ich komme von einer Bank, aber ich traue denen nicht, und sie sieht mich an und sagt, bescheuertes Arschloch, und zieht den Schein durch ihre Lampe und sagt, der ist echt, und ich sage, danke Schätzchen, das haben wir doch geahnt.

Schweigen.

Ich bin ein einfacher Mensch. Ich verstehe nichts von – der Politik. Oder den Wissenschaften. Aber ich hatte einen Mut zur Flucht. Das Vertraute habe ich hinter mir gelassen.

Pause.

Und alles, das hier, ich, was ich bin, wer ich bin, und wie ich bin, mein ganzes Leben, hängt an einem einzigen Buchstaben. Mein Leben, mein Schicksal hängen von diesem einen, einzigen Buchstaben ab: A – m – erikaner ----
- A – f – erikaner.

Da haben Sie mein Leben in zwei Worten.

Pause.

Ich sage Ihnen, was ich glaube.

Lange Pause.

Gott ist in dieser Tüte.

Pause.

Und es gibt keinen Gottesbeweis außer uns selbst.

Warum: hätten wir die Frau vom Meer gerettet, dann wäre sie überzeugt gewesen, dass es nicht Gottes Wille war, sie sterben zu lassen, dass es Gottes Hand war, die ihr half, durch uns. *Pause.* So ist es doch: wenn uns etwas Wunderbares passiert, etwas gutes Unvorhergesehenes, das wir nicht erklären können, dann glauben wir an eine Kraft, die wir Gott nennen. Wenn uns ein Unglück zustößt, dann halten wir Gott für tot.

Aber ich sage, wir sind es. Wir. Gott ist in uns. Seine Kraft liegt in uns. Was von uns bleibt, sind nicht unsere Haare, unser Geruch und unsere Schönheit, sondern unsere Handlungen, gute oder schlechte; das, was wir getan haben oder nicht getan haben, geredet, gedacht, daran werdet ihr euch erinnern.

Du wirst dich an diesen Moment erinnern, wo ich dir in die Augen sehe und zu dir sage: Gott ist in dir.

Und Gott ist in mir, das weiß ich jetzt. Ich weiß es, weil Gott mir diese Tüte geschickt hat. Und sich selbst, in dieser Tüte. Eine schmutzige Tüte mit gebrauchten 50-Euro-Scheinen. Zweihunderttausend Euro. Plus neunundachtzig Euro siebenundsiebzig in Münzen. *Pause.* Gott kann nicht wollen, dass ich das Geld zur Polizei bringe. Denn die Polizei ist nicht Gott, die Polizei kann Wahrheit nicht von Lüge unterscheiden, es sei denn, sie hat Zeugen, und ein A-f-erikaner ist kein Zeuge für die Wahrheit, nirgendwo auf der Welt. Also nehmen sie mir das Geld weg, und zur Belohnung bringt mich die Lufthansa nach Hause. Das kann Gott nicht wollen, und ich will es auch nicht.

Ich habe meine Ohren aufgemacht. Ich lausche. Der Gott in der Tüte sagt: Gib dir ein bißchen Mühe! Nimm dieses Geld!

Und der Gott in mir antwortet: Etwas Großes werde ich tun! Etwas werde ich schaffen, das die Menschen nicht vergessen werden!

Durch diese Tüte!

9.

Franz zeigt seine Arbeit, Frau Zucker ein weiches Herz, Rosa ihren Körper

Bei Franz und Rosa. Frau Zucker wurde inzwischen der linke Fuß amputiert. Im Fernsehen läuft der PRÄSIDENT, stumm, mit gestörtem Bild.

FRAU ZUCKER Wenn ich ein Tankwart wäre –

Schweigen.

FRAU ZUCKER Wenn ich ein Tankwart wäre –
ROSA Ach, Mama.

Schweigen.

FRAU ZUCKER Wenn ich ein Tankwart wäre, dann genügte eine Zigarette, um alles in die Luft zu jagen. *Pause.* Das denke ich manchmal. *Pause.* Aber du hast nicht mal Gas zuhause. Wo soll ich da anfangen.
ROSA Das ist auch dein Zuhause.
FRAU ZUCKER Na und.
ROSA Willst du uns mit in die Luft jagen.

Pause.

FRAU ZUCKER Was spricht dagegen.
ROSA Mama!
FRAU ZUCKER Das zum Beispiel bestimmt nicht. Ich bin eine Mutter, ja, du bist keine Mutter. Und so wie ich die Dinge überblicke, wirst du auch nie eine werden.

ROSA Aber du hast doch gesagt – Und wie sollen wir denn, mit dir zusammen in einem Zimmer –

FRAU ZUCKER Ich hätte mich davon nicht abhalten lassen. Dein Vater und ich, wir haben dich während eines Luftangriffs gezeugt, im Schutzbunker. Dein Vater war gerade als kriegsversehrt entlassen worden, wir waren dicht gepackt in den Geruch der Menschen um uns, die ihren Atem anhielten, nicht wegen der Bomben, wegen der Empfängnis, die stattfand in ihrer Mitte. Wir haben es gemacht, inmitten all der fremden Leute, und ich war schon über vierzig, aber wir haben eben alles versucht –

ROSA Mama, du warst ein Kleinkind bei Kriegsende.

FRAU ZUCKER Mag sein, mag sein. Es hätte aber so sein können – Nein, ich glaube, es passierte damals, bei der Demo für die Rückverstaatlichung. Ich als Kommunistin war unbedingt für die Rückverstaatlichung und hatte mich am Fensterkreuz des Postamtes festgekettet. Dein Vater hatte sich ebenfalls am Fensterkreuz festgekettet, wir hingen mit den Armen wie Christus am Kreuz, aber die Unterleiber waren hemmungslos frei beweglich und gaben ihrer Begierde nach –

ROSA Das ist, glaube ich, die siebte Version innerhalb der letzten drei Tage.

FRAU ZUCKER Es hätte aber so sein können. Es hätte sehr gut so sein können. Wenigstens eines meiner vier Kinder muss ich doch auf unvergessliche Weise gezeugt haben. *Betrachtet den PRÄSIDENTEN.* Nicht in einer faden Nacht bei geschlossenen Augen und lauwarmem Schweiß. Und am nächsten Morgen ist die einzige Erinnerung die an eine Belästigung, die den Schlaf störte.

Schweigen.

ROSA Er kennt nicht einmal mein Gesicht. Und ich kenne nicht mehr seine Hand auf meinem Gesicht. Und gar nichts weiß ich über seine Hand, wie sie wäre, wenn sie sich irgendwo auf meinem Körper niederließe.

FRAU ZUCKER *betrachtet den PRÄSIDENTEN* Ich finde, man sieht es einem Menschen an, ob er in einer lauwarmen Nacht in einem lauwarmen Bett gezeugt wurde, aus Versehen; oder ob er eine leidenschaftliche Berechtigung hat, auf dieser Welt herumzulaufen.

ROSA Er erkennt mich nicht.

FRAU ZUCKER Sieh mich mal an. *Pause.* Rosa, du kannst dich nicht durchsetzen. Das hast du nicht von mir. Ich bin auch auf einem Fuß noch eine ganze Frau. Du hingegen bist auf zwei Füßen vollkommen unerotisch. Da, ich schenk dir meinen Lippenstift.

Rosa weint.

FRAU ZUCKER Kindchen, Kindchen, Kindchen. *Pause.* Ich weiß, ich mache es euch schwer. Es tut mir leid. Soll ich mich tot stellen.

ROSA *fasst sich* Der Franz muss den Fernseher reparieren.

FRAU ZUCKER Im Gegenteil. Zertrümmern sollte man ihn. *Pause.* Ich brauche keine Unterhaltung, ich nicht, ich mache alles selbst.

Rosa weint wieder.

FRAU ZUCKER Wenn ich will, dann schaffe ich das, Rosa. Das mußt du dir jede Nacht sagen.

ROSA Ich wünsche mir, dass das Leben weitergeht. Das wünsche ich mir so sehr.

FRAU ZUCKER Das Kinderbett könnten wir vielleicht unter die Spüle stellen, wenn man die Putzkübel beiseite räumt.

Was weg muß, muß weg, sag ich zu meinem Bein auch immer.

Auftritt Franz mit einer Urne, die er zu etlichen anderen Urnen in ein Regal stellt.

FRAU ZUCKER Ziemlich viele herrenlose Leichen unterwegs, wie.

FRANZ Manche werden nicht abgeholt. Manche will keiner haben. Als hätte sie nie einer gekannt. Aber ich habe sie gekannt, ich habe sie ausgezogen und gewaschen; ich habe ihnen die Haare gekämmt, die Zahnprothese gerichtet und ihnen das letzte Hemd angezogen. Ich habe sie gekannt, wie sie sonst keiner gekannt hat.

ROSA Franz, du kannst nicht alle vergessenen Urnen mit nach Hause bringen.

FRANZ Doch. Kann ich.

ROSA Aber was sollen wir denn damit.

FRANZ Uns erinnern.

ROSA Und du denkst, auf dem Friedhof erinnert sich keiner.

FRANZ Nein, vor einer namenlosen Nische bleibt niemand stehen.

FRAU ZUCKER *schlägt auf den Fernseher* Eine Zapfsäule, eine Zigarette. Eine ordentliche Explosion und Schluss.

FRANZ Es werden immer mehr Tote. Immer mehr nicht abgeholte Tote.

FRAU ZUCKER *zu Rosa* Denk an das Fensterkreuz. *Sie legt sich ein Handtuch übers Gesicht.*

FRANZ *betrachtet den PRÄSIDENTEN* Heute wieder zwei Selbstmörder. Zwei Selbstmörder. Sind vom Selbstmörderhochhaus gesprungen.

ROSA *schaltet den PRÄSIDENTEN ab* Franz, denk doch mal an was anderes.

FRANZ Das Leben, ein einziges Warten auf den Tod. Und ich, ich hab das Warten zum Beruf gemacht. *Pause.* Ein schöner Beruf.

ROSA *knöpft ihr Kleid auf* Hab saubere Hände und schmutzige Gedanken.

Auftritt der beiden Selbstmörder, nackt. Während Franz spricht, legen sie sich auf den Tisch und er wäscht sie, das Gesicht, jedes Glied einzeln, hingebungsvoll.

FRANZ Je besser es uns geht, desto mehr Tote. Je weiter es bergauf geht, desto mehr Menschen sterben freiwillig. Das ist seltsam. *Pause.* Im Elend halten wir alle still.

ROSA *streift ihr Kleid über die Schultern, verharrt* Wenn du mich nicht ansiehst, beweg ich mich nicht mehr.

FRANZ Und ich, ich verwende mich, ich verschwende mich, für die Toten. Ganz für die Toten.

Rosa lässt ihr Kleid fallen, zieht sich ganz aus, legt sich zwischen die beiden Toten.

ROSA Ich dachte, dass du mich mal ansiehst.

FRANZ Zuerst meinte ich, ich müsste mich beeilen. Für jeden Toten ein neues Leben zeugen.

ROSA Nicht, dass du dich umdrehst nach mir, bewahre, das kann ich nicht erwarten. Nur, dass du mich mal ansiehst.

FRANZ Aber ich lege meine Hände auf ihre Haut, und die Enthaltsamkeit frißt sich durch meine Hände in meinen Leib hinein.

ROSA Und vielleicht würdest du zu mir sagen, du hast heute so schön gefärbtes Haar –

Franz ist mit dem Waschen fertig, ohne Rosa angerührt zu haben. Er kämmt die beiden links und rechts von ihr.

FRANZ Mit den Kranken war es so: mir fehlte das Mitleid. Das Mitleid kam nicht. Und deshalb konnte ich ihren Körpern nicht wehtun. Ich konnte sie nicht verletzen. Ich konnte sie nicht heilen. *Pause.* Jetzt brauchen sie kein Mitleid mehr. Ich habe den letzten Rest Leben aus ihnen herausgewaschen. Und am Ende verschließe ich ihre Körperöffnungen und lasse sie gehen. *Pause.* Verstehst du das, Rosa.

Er ist fertig mit Kämmen. Verschließt die Körperöffnungen. Legt sich ebenfalls zu den beiden Toten schlafen. Schweigen.

ROSA Oder, du hast dir wirklich Mühe gegeben mit dem Bügeln deiner Bluse, alles so akkurat und liebevoll. Oder, dass er mir vielleicht mal eine Blume hineinstellt in die Vase mit den künstlichen. Eine einzige nur. Und ich würde auch gar nicht wissen wollen, ob sie von der Aussegnung kommt. Und wenn er mich berühren wollte, könnten wir uns einen Ort suchen auf dem Friedhof, wo wir allein wären, und es könnte alles im Verborgenen bleiben, und niemand bräuchte etwas zu wissen ... und dann, eines Tages, läge vielleicht ein einsames Mon Chérie neben meinem Frühstücksteller, oder ein Kokosküsschen, und ich würde es wissend ansehen eine ganze Weile, bevor ich es in meine Jackentasche stecke, und immer wieder eine Faust drüber mache, bis ich fühle, wie es schmilzt, das Mon Chérie ...
Schweigen.
Wenn ich Geld hätte, wenn ich richtig viel Geld hätte, dann würde ich einmal im Monat in einem Hotel übernachten, in einem dieser Hotels, wo man ins Zimmer kommt, der Fernseher sagt schriftlich *Herzlich willkommen, Rosa,* das Bett ist aufgeschlagen, und auf dem Nachtkissen finde ich eine Süßigkeit ...

10.

Absolut

Der Raum von Fadoul und Elisio. Nur Elisio ist anwesend, er schläft. Auftritt Absolut, leise, vorsichtig.

ABSOLUT Fadoul – Fadoul –

Sie findet den schlafenden Elisio und ertastet sein Gesicht, glaubt Fadoul zu erkennen, ertastet seinen Körper über und unter der Decke, über und unter der Kleidung; Elisio reagiert im Schlaf, instinktiv, erfreut, zärtlich, bis …

ABSOLUT Mein Buch. Du hast mein Buch. Geklaut. Fadoul, du hast mich belogen und beklaut – *sie taucht unter der Decke hervor, mit dem Buch in der Hand.*
ELISIO *schlägt die Augen auf* Was für ein Traum –
ABSOLUT *lauscht* Sag das nochmal –
ELISIO Was für ein Traum -
ABSOLUT Oh oh oh – *Pause.* Ich glaube, ich habe Sie verwechselt. Oh oh oh, ist das peinlich. Warum haben Sie denn nichts gesagt.
ELISIO Ich habe geträumt.
ABSOLUT Woher haben Sie das Buch.
ELISIO Gefunden. An einem Zeitungskiosk. Zusammen mit einem Schirm.

Pause.

ABSOLUT Wo ist Fadoul.
ELISIO Bin ich sein Hüter.
ABSOLUT Er ist nicht in den Blauen Planeten gekommen. Ich habe gewartet.

ELISIO Na und. Er wird Gründe haben.
ABSOLUT Was für welche.

Schweigen.

ABSOLUT Ich habe ein Kreuz in meinem Kalender. Vor drei
Tagen, als ich ihm an der Bushaltestelle begegnet bin. Ich
habe drei Nächte gewartet. Noch eine Nacht, und ich bin
zu alt.

Schweigen.

ABSOLUT Gehe ich Ihnen auf die Nerven.
ELISIO Ich weiß nichts über Sie, und ich weiß nichts mehr
über ihn, seit ihr euch an der Bushaltestelle begegnet seid.
Er kommt tags zur Arbeit, und nachts schläft er im Stehen
oder läuft auf und ab. Und wenn ich ein Wort zu ihm sage, sieht er mich an, so über Kreuz … Also ja, ja, Sie gehen
mir auf die Nerven. Sie wecken mich aus einem Schlaf,
den ich zu lange suchen mußte.

Schweigen.

ELISIO Wenn Sie hierher kommen, muss ich am Ende auf Sie
aufpassen, und das geht mir noch mehr auf die Nerven als
meinen Schlaf zu suchen.
ABSOLUT Dann sagen Sie Fadoul, dass ich hier war, und
wenn er mich haben will, soll er in den Blauen Planeten
kommen. Wenn er mich allerdings nicht haben will –, sagen Sie – lieber nichts. *Schweigen.* Nein, sagen Sie lieber
nichts. *Schweigen.*
ELISIO Ich habe nur geträumt.
ABSOLUT Was rede ich nur. Ich habe noch nie so geredet.
Vorvorgestern habe ich getanzt, vorgestern habe ich ge-

tanzt, gestern habe ich getanzt, jede Nacht habe ich gewartet und gehofft, dass Fadoul kommt und mich ansieht. Ich habe noch nie drei Nächte hintereinander gehofft. Meistens muss ich nur eine Nacht hoffen, höchstens zwei, aber drei, noch nie.

ELISIO Sie dürfen nicht mehr hierher kommen. Ohne Augen ist das ein tödlicher Ort. Mit Augen ist er gefährlich, aber ohne Augen ist er tödlich. *Pause.* In der letzten Woche sind vier Menschen hier verreckt. Vier Menschen. Der eine wurde erschlagen, die andere hat sich durch die Vene in den Himmel geschossen. Und zwei sind vom Dach gesprungen. *Schweigen.* Sie sterben wie die Eintagsfliegen. Wie die Fliegen. Wie die Fliegen. Wie die Fliegen. Und wo ist der Unterschied.

ABSOLUT Die Fliege hat immerhin dreitausend Ansichten eines Dinges, und das auf jedem Auge, bevor sie es zu einem Ganzen zusammenfügt. Sechstausend einzelne Ansichten von allem, was existiert, ergeben ihr Bild von der Welt.

ELISIO Stirbt sie deshalb klüger als wir. Oder hat sie nur ein schöneres Panorama.

ABSOLUT Mehr als ich sieht sie schon.

Sie lachen. Pause.

ELISIO Was würden Sie tun, blind wie Sie sind, wenn vor Ihren blinden Augen jemand anderem ein Unglück geschieht. Und Ihre Hilfe, blind wie Sie sind, käme zu spät. Was würden Sie tun.

ABSOLUT Ich würde mir wünschen, eine Fliege zu sein.

ELISIO Um sich aus dem Staub zu machen.

ABSOLUT Damit mich einer totschlüge. *Pause. Absolut lacht hart, verzweifelt.* Das wollen Sie doch hören. Ich weiß

65

nicht, was passiert ist. Ich weiß nur, dass Sie Ihr Unglück gefunden haben. Und jetzt wollen Sie von jedem eine Bestätigung dafür.

ELISIO Sie sind noch grausamer als Sie aussehen. *Pause.* Eine Frau ist ertrunken, und ich bin schuld. Sehr einfach.

ABSOLUT Irrtum. *Lacht.* Schuld. Sie haben höchstens ein schlechtes Gewissen.

ELISIO Reicht das nicht. Mir reicht das, um nicht schlafen zu können.

Absolut schlägt das Buch auf, findet eine markierte Seite. Aus dem Buch fällt ein zerknitterter Zeitungsausschnitt, Elisio hebt ihn auf.

ABSOLUT *liest* »Wir bemühen uns, für die Ereignisse um uns, für unser Leben, für das Weltgeschehen eine Erklärung ex post zu finden in der Hoffnung, wir könnten so, in der Anwendung derselben gesetzmäßig wirkenden Regeln nach vorne, die Zukunft beeinflussen. Aber diese kausale Verknüpfung gibt es tatsächlich erst im Nachhinein, und niemand, wir nicht, kein Gott und nicht einmal die Natur selber, ist im Besitz des Wissens um unser aller Weiterentwicklung. Wir könnten genausogut würfeln.« *Pause.* Dieses Buch heißt »Die Unzuverlässigkeit der Welt.«

Währenddessen Auftritt Fadoul.

ABSOLUT Ich weiß nicht, ich weiß nicht, ob ich diesem Buch trauen kann wie einem Menschen, ob es recht hat wie ein Bild, oder ob es unzuverlässig ist wie eine Maschine oder wie die Natur.

ELISIO *gibt ihr den Artikel in die Hand* In der Zeitung standen merkwürdige Dinge. In der Zeitung stand, sie hätte sich umgebracht. Mit Absicht.

FADOUL Ist euch schon aufgefallen, dass nur Frauen ins Wasser gehen. Ein Mann geht nie ins Wasser. Ein Mann sucht sich einen Dachboden und einen Gürtel. Ein Mann nimmt eine Pistole, wenn er eine findet.

ELISIO Habt ihr schon einmal gehört, dass jemand sich auszieht und seine Sachen sorgfältig ans Ufer legt, bevor er sich ertränken geht.

Schweigen.

ABSOLUT Vielleicht wollte sie es aussehen lassen wie ein Versehen. Vielleicht war ihre Scham so groß, dass sie für niemanden mehr eine Zumutung sein wollte. Vielleicht hatte sie einen Riss.

FADOUL Was soll das sein, ein Schamriss.

ELISIO Ein Schamriss ist, du willst eine Frau, sie will dich nicht.

ABSOLUT Oder umgekehrt.

ELISIO Du verstehst nicht und wirst brutal, und was dann kaputtgeht, war mal eine Selbstachtung, und anstelle einer Würde ist jetzt eine Wunde. Aber sie ist am Körper nicht zu sehen. Frag doch nicht so blöd. *Pause.* Wir waren dabei, die Frau ist ins Wasser gegangen ohne Gewalt. Aber vielleicht kommt die Gewalt von innen, ja. *Pause.* Ich habe lange nachgedacht und darüber meinen Schlaf verloren, aber je länger ich hier bin, auf dieser Hälfte der Erde, desto mehr verstehe ich nicht. Wie viele Menschen sich umbringen. Warum. Warum sucht einer aus Schwachheit den Tod. Weil er von klein auf eingebläut kriegt, du hast es nicht in der Hand, die Welt ist unzuverlässig. Wie in diesem Buch. Dieses Buch ist ein großer Scheiß, Absolut.

FADOUL Genau. Ich weiß es, weil ich Gott begegnet bin.

Die beiden starren ihn an.

FADOUL Ja. Gott ist in einer Tüte. Ich wollte es erst nicht sagen, weil – ich war verunsichert. Er will, dass ich etwas ganz Großes tue, möglicherweise soll ich werden wie er, und – na ja, es könnte sein, dass ich eure Hilfe brauche.

Die beiden starren ihn an.

FADOUL Im Moment habe ich ihn versteckt. Aber ich kann ihn jederzeit holen, wenn es soweit ist.

Die beiden starren ihn an.

FADOUL Gut, vergesst das einfach wieder. Nicht so wichtig. Wird schon werden.

Elisio geht zu Absolut, nimmt ihren Finger, tippt damit an seine Stirn.

ELISIO Ich hab dir gesagt, komplett über Kreuz. *Pause.* Absolut, schenkst du mir deinen Schirm.
ABSOLUT Den du gefunden und mir nicht wiedergegeben hast? Ich schenke ihn dir. Möge es viel und häufig regnen.

Elisio holt den Schirm unter dem Bett hervor und geht. Schweigen.

ABSOLUT Kenn ich dich wieder. Was ist passiert, Fadoul. *Pause.* Ich habe auf dich gewartet, drei Nächte hintereinander, und du – du redest von Gott.

FADOUL Ja. *Pause.* Von Geld. Geld. Geld. Nicht Gott.

ABSOLUT Eben hast du noch gesagt, Gott wäre in einer Tüte.

FADOUL Nein, Geld, Geld ist in einer Tüte. Absolut, du bringst alles durcheinander. *Pause.* Ich konnte nicht zu dir kommen und dich ansehen, weil ich Gott in einer Tüte gefunden habe, und total verwirrt war.

ABSOLUT Also doch Gott.

FADOUL Ja, Gott, natürlich Gott, wer denn sonst.

ABSOLUT Eben hast du noch gesagt, Geld wäre in einer Tüte.

FADOUL Nein, Gott, Gott ist in einer Tüte, verstehst du mich, deswegen ist ja alles so kompliziert.

ABSOLUT Zeig mir die Tüte.

FADOUL Was für eine Tüte.

ABSOLUT Die Tüte mit Gott.

FADOUL Die gibts nicht.

ABSOLUT Eben hast du noch gesagt, Gott ist in einer Tüte.

FADOUL Jaaaaa – schon –

ABSOLUT Also zeig mir die Tüte.

FADOUL Was für eine Tüte.

ABSOLUT Die Tüte mit Gott.

FADOUL Die hab ich versteckt.

ABSOLUT Wo.

FADOUL Sag ich nicht.

Pause.

ABSOLUT Dann zeig mir das Geld.

FADOUL Welches Geld.

ABSOLUT Das Geld in der Tüte.

FADOUL Welche Tüte. *Pause.* Du willst mich reinlegen.

ABSOLUT Wie denn.

FADOUL Mit den Tüten und dem Geld und dem ganzen Kram.

ABSOLUT Fadoul, gibt es diese Tüte mit dem Geld.

FADOUL Wenn Gott will... Allah ist groß, weißt du.

ABSOLUT Allah ist groß.

FADOUL Genau. Das hab ich am eigenen Leib erfahren. Das ist alles, was ich dazu sagen kann.

Schweigen.

ABSOLUT Und deswegen bist du nicht in den Blauen Planeten gekommen.

FADOUL Ja.

ABSOLUT Du bist nicht wegen mir nicht in den Blauen Planeten gekommen.

FADOUL Nein.

ABSOLUT Und wenn ich noch eine Nacht warte, darf ich in dieser Nacht hoffen, dass du in den Blauen Planeten kommst.

FADOUL Denke schon, ja.

ABSOLUT Eine Nacht warten und die Hoffnung dabei zu verlieren, das macht alt.

Pause.

FADOUL Wir tun so, als könnten wir uns verständigen, ja. Wir versuchen es. Das ist die Abmachung, die Abmachung, damit wir nicht übereinander herfallen wie die Tiere, um unseren Hunger zu stillen und unsere Sehnsucht nach Liebe.

ABSOLUT Es wäre schön, ein solches Tier zu sein. Die Liebe kennt keine Menschen. Selbst mich, die ich nur manchmal ein Mensch bin, kennt die Liebe nicht.

FADOUL Sollen wir es mit Lust versuchen.

ABSOLUT Lust verschaffe ich mir selbst. Meine Finger sind flink und stark. Meine Finger kennen mich am besten.

FADOUL Dann weiß ich nicht mehr, womit wir es versuchen könnten.

ABSOLUT Du hast es doch selbst gesagt. Mit Hunger. Mit Sehnsucht. Mit der Liebe der Tiere.

Schweigen. Fadoul ist zu ungläubig, um Absolut zu küssen.

FADOUL Absolut.

ABSOLUT Was ist.

FADOUL Absolut nichts. Ich sage nur deinen Namen. Um mich an etwas zu gewöhnen. Zum ersten Mal in meinem Leben will ich mich an etwas gewöhnen. *Schweigen.* Und dann ist es gleich das Vollkommene selbst.

ABSOLUT Fadoul.

FADOUL Was ist.

ABSOLUT Nichts. Ich sage nur deinen Namen.

FADOUL *freut sich* Also nichts für ungut, deine Eltern mit deinem Namen – was sind das für Leute, Alkoholiker.

Schweigen.

ABSOLUT Meine Eltern sind beide blind. Sie wollten mich erschaffen nach ihrem Vorbild, und nachdem sie mich gezeugt hatten, ließen sie meine Gene untersuchen, um sicher zu sein, dass ich blind zur Welt kommen werde wie sie; sie wollten, dass wir gleich sind, sie, die Eltern, und ich, ihr Kind; denn sie denken, sie leben in einer vollkommenen Welt, und deshalb sollte ich zu ihrer Welt gehören und auch vollkommen sein.

FADOUL Und was denkst du.

ABSOLUT Ich denke, sie haben recht, ihre Welt ist vollkommen, und ich bin ein vollkommenes Wunschkind. Ich habe sie glücklich gemacht.

FADOUL Wünscht du dir denn nicht, sehen zu können.

ABSOLUT Das wünsche ich mir mehr als alles auf der Welt.

Schweigen.

FADOUL Ich werde für dich sehen.

ABSOLUT Dein Blau wird ein anderes sein als meines, dein Himmel wird ein anderer sein als meiner. Ich weiß nicht, wie Wüste und Stein und Stadt ist außerhalb meiner Augen, die Nacht und schwarz sind, wenn ich träume, und Nacht und bunt, wenn ich es mir wünsche.

FADOUL Ich gebe dir meine Haut, die ist schwarz, und meine Haare, die sind schwarz, meine Hände, die sind schwarz, meine Gedanken, die sind schwarz, meinen Samen, der ist schwarz, und meine Augen, die sind schwarz, und dann sind wir gleich, aber immer noch verschieden, und den Unterschied können wir Liebe nennen.

ABSOLUT Einverstanden.

11.

Gesprungen

Ich kannte ihn vorher nicht. Hab ihn auf der Party gesehen, zum ersten Mal. An dem Abend, wos passiert ist. Nicht auf Anhieb mein Typ. Aufdringlich wäre übertrieben, aber zu offen, irgendwie zu offen. *Pause.* Hat er mich gefragt, ob ich an Gott glaube, wir haben nicht viel getrunken, hab ich gesagt, den muss mir erst einer beweisen, hat er so geguckt, und ob das Leben für mich einen Sinn hat. *Schweigen.* Er war Anfang zwanzig, schätz ich, hat grade angefangen, Polnisch zu studieren und Betriebswirtschaft. Hübsch und blond und. So der Typ bester Freund. *Schweigen.* Ich hab schon versucht, da drauf zu antworten, ehrlich, ich war ein bisschen betrunken, und aufgekratzt, wir haben dann dope geraucht, ich hab ihm erzählt, dass ich mein Praktikumsjahr auf den Philippinen gemacht hab, wie ich einem Mann dort die brandigen Zehen amputieren musste, einem Bettler, der sich auf die Sozialstation geschleppt hatte, Glück gehabt, na ja, das Wartezimmer voll jeden Tag, Frauen mit verpfuschter Abtreibung, denen das Blut an den Schenkeln runterläuft, Kinder mit Messerstichen im Bauch, Alte mit vereiterten Zähnen, blau geprügelte Nutten mit glasigen Augen, Babys mit Rattenbissen im Gesicht, Blinde in vollgepissten Kleidern, Mütter mit einem toten Kind im Bauch, das nicht raus will, aus dem Unterleib stinkend und betrunken, die kannst du ohne Narkose aufschneiden, die kriegen nichts mit. Ja, egal, das hab ich erzählt, und dass die Arbeit Spaß gemacht hat, und dass ich jetzt an einem deutschen Krankenhaus bin. Ist natürlich viel mehr Routine. *Pause.*
Ob das Leben für mich einen Sinn hat. Er ließ nicht locker. Ich war total betrunken. Ich hab nicht groß überlegt. Ich sa-

ge nein, es hat keinen, das Leben hat keinen Sinn für mich, meins nicht und alle anderen auch nicht. Er sagt, warum das alles dann. Ich sage, okay, ich hab irgendwann ein Talent entdeckt, ein Interesse, ich schneide gern Menschen auf und seh mir an, wies da drin aussieht, ich flick sie gern zusammen, ich beobachte diesen scheiß ziemlich perfekten Organismus, wie er ziemlich scheißperfekt funktioniert, meistens, und wo nicht, imitiere ich seine Scheißperfektion und versuch zu überbrücken. Ich überbrücke die Fehler. Nicht, weil ich es sinnvoll finde, sondern weil ich es gut kann.

Ich denk noch, das ist bestimmt keiner, der schnell aufgibt; der sucht und findet, und was er gefunden hat, hält er fest und gibt ihm einen Sinn. So einer. Ich hab ihn sogar beneidet. Ich hab ihn wirklich beneidet.

Danach haben wir nicht mehr viel geredet. Wir sind zu mir nach Hause. Ich will unter die Dusche und komm noch mal in die Küche, weil ich vergessen hab, ihm nen Drink hinzustellen, ja, ich hab vergessen, ihm nen Drink hinzustellen, komm also rein, nackt, da rast er schon an mir vorbei, sagt nichts, sieht mich nicht an, rast an mir vorbei, rast ins nächste Zimmer, ich hinterher, das ging so schnell, ich kriegs gar nicht mit, ich seh nur das offene Fenster, das offene Fenster – nein, ich konnte nicht runterschauen, konnte ich nicht, muss ich ihm nebenbei erzählt haben, die Sonne, das Licht, die Aussicht, dass ich im dreizehnten Stock wohne –

74

12.

Ella II

*Helmut, Ellas Mann, hat eine Goldschmiedelupe im Auge
und ist mit der Herstellung von etwas sehr Kleinem zwischen seinen Händen beschäftigt. Im Fernsehen läuft eine
Ansprache des PRÄSIDENTEN. Ella sieht zu und hat den Ton
stumm geschaltet.*

ELLA Ich habe dem Präsidenten
    wieviele Artikel geschrieben, Essays, sogar
    Leserbriefe an seine Zeitung
    und an seinen Fernsehkanal.
    Als Antwort auf seine Reden.
    Und keinen einzigen davon abgeschickt.
    Keinen einzigen Text abgeschickt.
    Meine Theorie, die Theorie des zugrundeliegenden
                                    Partiellen
    besagt, dass die Struktur der gesellschaftlichen Systeme,
    ihre Veränderungen, ihre Entwicklung,
    und was das für den einzelnen bedeutet,
    nicht anders erfasst werden kann
    als durch Zergliederung in und Kartographierung von
    Mikroausschnitten.
    Das Zugrundeliegende
    ist das Naheliegende.
    Die Petrischale führt zur Revolution
    und nicht umgekehrt.
    Das Erkennbare ist die
    nächste kleine Einheit.
    Von da aus gehe ich weiter, ganz
    langsam verknüpfe ich die Kleinstelemente

und webe aus ihnen ein großes allumfassendes Netz.
Ein Sisyphusnetz.
Das Netz wird nie fertig,
dauernd entstehen neue unvorhergesehene Löcher,
dauernd verändern sich die struktur- und haltgebenden
Knoten,
ein einmal Erkanntes und Definiertes kann sich morgen
schon vollkommen aufgelöst haben,
und an seiner Stelle klafft ein Riss,
aber das ist ja auch das Tolle daran.
Pause.
Ich will keine Draufsicht,
ich will keine Überblicksphilosophie,
ich will keine lückenlose Zusammenhangserklärung,
ich hasse Systeme,
ich werde mich ganz dem Fragment, dem Lückenhaften,
dem Unvollkommenen, dem Bruch, dem Rest, dem
Unverstandenen,
dem Bodensatz, dem Zerfallenden,
dem einzelnen kleinsten Fastnichts widmen.
Das ist die Herausforderung.
Das ist das Leben.
Das ist die Herausforderung des Lebens.
Die Unzuverlässigkeit der Welt.
Schweigen. Helmut bastelt.
Ich fürchte, das ist missverständlich.
Vielleicht sogar widersprüchlich.
Und immer droht wieder
irgendwo ein System
aufzutauchen.
Ja, ich widerspreche mir.
Schweigen.
Das ist ja gerade das Tolle daran.

Schweigen.
Auf alle Fälle werde ich nie so werden wie du.
Will ihm einen Schlag auf den Hinterkopf geben, hält aber inne.
Du Schmuckschmied.
Schweigen.
Fenster Stuhl Wand Hand
ist alles was ich sagen kann.
Liebe Tod Sinn
kann ich schon nicht mehr sagen.
Ich kann es aussprechen.
Aber was meint »Sinn«.
Was meint »Stuhl«.
Pause.
Der Präsident ist klar im Vorteil.
Er sagt Stuhl,
es gibt einen Streik.
Er sagt Fenster,
ein Gewerkschaftler bringt sich um.
Er sagt Wand,
und 150.000 Arbeiter werden nicht entlassen.
Immer passiert etwas
unmittelbar auf die Worte des Präsidenten
folgt eine unmittelbare Reaktion.
Obwohl man ihn gar nicht versteht.
Der Präsident sagt etwas,
und kein Mensch versteht ihn;
der Präsident sagt etwas,
und kein Mensch weiß,
was er mit seinen Worten meint.
Oder was seine Worte
mit ihm meinen.
Aber es passiert etwas.

Sofort.
Ein Phänomen.
Dabei versteht der Präsident
selber nicht,
was er sagt.
Ein Phänomen.
Der Präsident versteht sich selber nicht,
wie sollen wir ihn da verstehen.
Er tut mir leid,
aber ich beneide ihn.
Die selbstgewählte Unmündigkeit
in diesem Land.
Ein Analphabet als Präsident,
ein Fußballer, Schauspieler, Schlagersänger,
so kann das ewig weitergehen.
Dagegen polemisieren ist billig,
darüber zu lachen gefährlich.
Die Dummen halten sich für dumm,
und die Gescheiten halten sich für dumm,
und in der Mitte wächst der Größenwahn.
Pause.
Das Land geht zugrunde,
ach ja,
die Welt vor die Hunde,
ach ja,
aber ich bin trotzdem,
ach ja,
jetzt bin ich doch wieder
ganz optimistisch.
Das sag ich mir jeden Tag.
Vielleicht hilft es irgendwann.
Nicht wahr, Helmut.
Vielleicht kommt irgendwann der Durchbruch,

wenn wir lang genug so weiterwurschteln.
Gibt ihm einen Schlag auf den Hinterkopf.
Mein Mann ist Goldschmied.
Glücksschmied.
Ein schönes WORT.
Ein schöner Beruf.
Schmuckschmied.
Eine völlig sinnfreie Beschäftigung,
und vielleicht das einzig Wesentliche:
die Welt zu verschönern.
Pause.
Zier-rat.
Wir müssen die Welt nicht verstehen,
wir zerlegen sie nicht,
wir müssen nicht einmal ihre Form verändern,
wir fügen ihr nur etwas hinzu,
eine kleine Ergänzung,
einen heilenden Schnörkel,
der alles angenehmer macht.
Das ist der Rat der Zier.
Macht es euch angenehm.
SCHÖNER leben.
Schweigen.
Ehrlich gesagt, ich verachte meinen Mann.
Ich weiß nicht, was er denkt.
Ob er etwas denkt,
oder ob seine Hände nur seinem Instinkt vorauslaufen,
wenn sie ihr Material so gestalten,
so benutzen, so weich machen,
dass es ansehnlich wird,
und dass man bei seinem Anblick denkt,
oh,
so etwas Schönes, lange nicht gesehen.

Da kann sich jeder denken,
warum ich meinen Mann geheiratet habe,
obwohl ich nicht mit ihm spreche,
nicht spreche,
nicht rede,
nicht reden kann.
Gibt ihm einen Schlag auf den Hinterkopf.
Weil seine Hände seinem Instinkt vorausliefen,
an mir entlang- und auf- und ab- und so weiterliefen,
weil sie mich suchten,
mein Fleisch,
weil sie mich so benutzten, so weich machten,
dass ich ansehnlicher wurde,
und dass man bei meinem Anblick dachte,
oh,
verliebt,
oder sogar,
oh,
geliebt,
geliebt geliebt geliebt,
oder sogar,
oh,
liebende Geliebte geliebte Liebende,
oh oh oh.
Pause.
Das war einmal.
Das ist lange her.
Gibt ihm einen Schlag auf den Hinterkopf.
Und nicht wieder zurückzubringen.
Gibt ihm einen Schlag auf den Hinterkopf.
Ein einmal verloren gegangenes Gefühl
ist nie und unter keinen Umständen nirgends
wieder auffindbar,

wo auch,
wo hin.
Schweigen.
Ich kann sagen Stuhl
ich kann sagen Hand
Schuh Fuß
Tasse
Buch
Schirm
Schweigen.

13.

Frau Habersatt sucht eine Nichtbewährung

Vor dem Horizont des Meeres. Elisio geht mit Absoluts Schirm und einem Strauß Blumen spazieren, auf und ab, dreht den Schirm um und setzt ihn aufs Wasser, legt die Blumen hinein, lässt sie davontragen. Frau Habersatt sieht ihm zu.

FRAU HABERSATT Sagt der Haftrichter zu mir: jetzt müssen Sie sich bewähren. Habe ich ihn gefragt, was das bedeutet. Sagt er, lassen Sie fremde Leute in Ruhe, und lassen Sie fremden Schmerz in Ruhe. Suchen Sie sich ein schönes Hobby. Leben Sie Ihr eigenes Leben. *Pause.* Was ist denn mein eigenes Leben. Gehören da fremde Leute nicht dazu. Da hatte er keine Antwort. *Schweigen.*
Es könnte so einfach sein. Ich sehe ihn nahe der Hafenpromenade. Er steht nur ungefähr so weit weg von mir. Zwei Armlängen. *Pause.* Zum Beispiel könnte ich sagen, *Sie sind sicher nicht von hier – Pause.* Nein, mit so einem dummen Satz hätte ich schon alles verdorben; na gut, und er sagt, *Sie haben recht, ich komme aus dem Süden –* und ich sage, *aus dem Süden, das gefällt mir, das hat so einen Klang –* ...
Wir würden uns ansehen. Und dann, wie ganz zufällig, sage ich, *da haben Sie bestimmt eine große Familie zurückgelassen –* ...
Er sieht aufs Meer hinaus, er sagt, *nein, ich habe keine Familie, meine ganze Familie ist tot –* ...
Ich sehe auch aufs Meer hinaus, ich sage –
Ich könnte ihm alles sagen, einem Menschen, der bis vor kurzem ein Fremder war. Davon träume ich.

Pause.
So einfach, so einfach könnte das Leben sein.
Pause.
Ich werde mich nicht bewähren.

Schweigen.

FRAU HABERSATT Sie sind sicher nicht von hier.
ELISIO *schaut böse ohne Antwort.*
FRAU HABERSATT Von woher kommen Sie denn.
ELISIO *schaut weg, dann vage Handbewegung Richtung Horizont. Schweigen.*
FRAU HABERSATT Aha. *Pause.* Mal ganz was anderes.

Schweigen.

FRAU HABERSATT Das Weiteste, wo ich war – *deutet* – das war Helgoland. *Pause.* Da ist ein einziges Haus. Drumherum Felsen. Ein sehr kleiner Felsen. Drumherum Wasser. *Pause.* Mehr kann man da eigentlich nicht machen.

Schweigen.

FRAU HABERSATT Ums Haus rumgehen. Am Felsen entlang.
ELISIO Helgoland. Legoland. Spielzeugwelt. *Immer noch böse.* Bringen sich viele Leute um in Helgolegoland.
FRAU HABERSATT Nee. Glaub nicht. *Pause.* Die springen hier, vom Selbstmörderhochhaus. Oder drehen das Gas auf. Oder gehen ins Wasser. *Pause.* Es geht ja manchmal nicht anders.
ELISIO Doch.
FRAU HABERSATT *lacht auf.*

ELISIO Doch doch.

FRAU HABERSATT *lacht auf.*

ELISIO Es geht immer anders.

FRAU HABERSATT *lacht* Da sind Sie ja ein glücklicher Mensch. Ein glücklicher Mensch aus dem Süden.

ELISIO Was wissen Sie denn. Was wissen Sie denn. Was wissen Sie denn vom Süden. Legolandbewohner. Mit Ihren Bauklötzchenträumen von Helgolandhäusern und Meer. Was wissen Sie denn. Was wissen Sie denn vom Tod –

FRAU HABERSATT *lacht nervös.*

Schweigen.

ELISIO Warum lachen Sie. Warum lachen Sie. Warum lachen Sie mich aus. Ich bin geflohen, aus dem Süden, aus dem Süden, ja, wir kommen alle aus dem Süden, wo es heiß ist und die Menschen sterben wie die Fliegen, ohne dass sie sich selber umbringen müßten. Im Süden, da lachen sie über euch, im Süden, da lachen wir über euch, wir lachen über euch, und ich, ich verstehe das alles hier nicht –

Frau Habersatt kann sich nicht von der Stelle rühren. Sie schweigt, hilflos.

FRAU HABERSATT Viel weiß ich nicht vom Tod.

Schweigen. Sie zittert.

FRAU HABERSATT Seit langer Zeit bin ich ein Grab, ein leeres Grab auf zwei Beinen. Ich war einmal schwanger, mit einem Jungen. Ich hatte schon einen Namen für ihn. Er sollte – Er sollte *…bewegt den Mund…* heißen. *Pause.* Aber er ist gestorben, er ist in meinem Körper drin ge-

storben. Kurz vor der Geburt. Ich musste ihn tot zur Welt
bringen, mein Körper war sein Sarg. Das ist lange her.

Schweigen.

ELISIO Vor zehn Tagen ging eine Frau ins Wasser und er-
trank, dort drüben – *deutet*. Ich hab sie gesehen, ich wollte sie retten, aber mein Freund hatte Angst. Wir hatten
beide Angst. Die Feigheit hielt uns auf dem Trockenen.
Pause. Ich habe ein Bild von ihr aus der Zeitung, und sie
kommt aus dem Wasser jede Nacht. Ich habe warme Füße, ihr Körper und ihr Haar sind blau.

Schweigen.

FRAU HABERSATT Ich sage mir, wer weiß, wozu es gut war.
Er hätte vielleicht schreckliche Dinge getan, vielleicht wäre er Dieb geworden oder, oder sogar Mörder – und, und
ich wäre die Mutter eines Verbrechers, mein Leben lang.
Mein Leben lang müsste ich umhergehen und um Entschuldigung bitten, für ihn. *Pause.* Und dennoch, dennoch würde sie mich hassen. Nicht wahr. Die Welt würde
mich hassen.
ELISIO Fadoul, mein Freund, hat sich verliebt, in ein Mädchen mit tiefschwarzen Augen. Die Augen sind schwarz,
weil ihre schwarzäugigen Eltern dachten, sie seien Gott.

Schweigen.

FRAU HABERSATT Wir wären alle gern unschuldig.
ELISIO Und dann hat Fadoul zweihunderttausend Euro gefunden, in einer Tüte, und er lässt die schwarzen Augen
des Mädchens operieren; das wird morgen gemacht im

Krankenhaus, und jetzt glaubt er auch, dass er allmächtig ist. Plötzlich gibt es immer mehr Götter um mich herum. Sogar mein Freund ist ein Gott. Nur ich, ich bin total normal. Und ich kann gar nichts dagegen tun. *Fängt an zu weinen.*

FRAU HABERSATT *geht zaghaft zu ihm* Entschuldigung, ich habe mich noch gar nicht vorgestellt. Mein Name ist Habersatt. *Pause.* Klara Habersatt. *Schweigen.* Und es hat nie einen gegeben, der Mutter zu mir sagte. Und auch sonst niemand, der meinen Namen kennt und ihn abkürzt auf eine zärtliche Weise. *Pause.* Und das ist alles, was ich vom Tod weiß.

ELISIO Umm –

Umm –

Ummahat -

Das Meer spült den Schirm und die Blumen am Strand an.

14.

Und Alle

Steh hier seit fast ner Stunde. Ich seit anderthalb. Jetzt ham sie erst mal den Polizeipsychologen geholt und weiträumig abgesperrt. Sucht der sich ausgerechnet die Autobahnbrücke aus. Ausgerechnet die Autobahnbrücke, ausgerechnet im Berufsverkehr. Mitten im Berufsverkehr. Fasst du das, fasst du das. Is ne Sie. Isn Er. Ich komm zu spät, ich bin über alles drüber, ich kann gleich wieder umkehren und nach Hause fahren, mein Chef denkt, ich spinne. Ein geschrolltes Weib, ein supergeschrolltes Weib, kommtn die da rauf überhaupt. Isn Er. Der lässt den Psychoheini nich näher ran wie fünf sechs Meter. Ja soll sie halt. Isn Er. Guck dich um hier, Mann, das sind doch, also mindestens, aus drei Richtungen, kilometerlang, wenn in jedem Auto nur einer sitzt, macht das, ich sag dir, bestimmt an die neun- zehntausend Leute, die wegen der kranken Irren ihren ganzen Tag versauen müssen. Ich komm doch nie mehr. Kannste vergessen. Kannste alles vergessen. Und ich denk noch, fährste heute mal Landstraße, ehrlich, denk ich noch, taucht die Auffahrt vor mir auf, na ja, spät dran und jetzt diese Scheiße. Wenn sie nur endlich springen würde. Isn Er. Spring doch. Der will ja gar nich. Wetten, der will nich. Okay, ich wette n Zehner. Wenn du springen willst, spring. Dich vermisst keiner. Asoziales Arschloch. Kann die nich inn Wald gehen und sichn einsamen Baum mitm starken Ast suchen, der ihr den Gefallen tut. Nee, will gesehen werden. Die will da runtergepflückt werden von der Brücke mit den Samthandschuhen von dem Polizeipsycho. Die will wahrscheinlich ganz was anderes. Die is so ausgetrocknet und abgefault, die muss die ganz harten Mittel anwenden, um n bißchen streichel strei-

chel. Isn Er, geht das in euern Schädel rein, isn Er. Muss sich mit seim Todestrieb zur Schau stellen. Suizidexhibitionist. Geilt sich dran auf. Knallt ihn ab. Knallt ihn doch einfach runter von der Scheißbrücke. Der will rausgeflogen werden mitm Hubschrauber. Erpresst uns mit seim Tod, Drecksack. Untern Zug schmeißen wär sozialverträglicher, hat er ne Stunde Verspätung, bis sie den ganzen Dreck von den Schienen gekratzt haben, und weiter gehts. Das hier ist die ganz ganz miese Variante. Der will gar nicht sterben. Das seh ich ihm doch an. Der will doch gar nicht sterben. Wenn der noch länger wartet, geh ich hin und schlag ihm eigenhändig den Schädel ein. Hat er, was er wollte. Das kann noch Stunden dauern. Stunden.
Also spring doch, los, alle auf drei, eins zwei – sprin –gen – sprin –gen – sprin –gen -

15.

Licht

Absoluts Ankleidezimmer im Blauen Planeten. Absolut vor dem Spiegel, auf der anderen Seite des Spiegels Elisio.

ABSOLUT Fadoul sagt also, ich gebe dir das Geld für die Operation. Das Geld aus der Tüte. Der Tüte Gottes. Er hat das Geld geschickt, um dich sehend zu machen. Ich sage, vielleicht hat Gott die Tüte nicht geschickt mit einer Absicht, sondern verloren ohne eine Absicht, und er würde sie gerne wiederhaben. Er sucht danach. Vielleicht war die Tüte für ganz jemand anderen bestimmt, wie kannst du das wissen. Vielleicht wird jemand anderer ohne diese Tüte sehr unglücklich. Fadoul sagt, wenn es so wäre, hätte Gott sich bei uns gemeldet. Es ist ein Zeichen, ein Zeichen von einer göttlichen Bushaltestelle.

ELISIO Ich wollte, dass die Bilder aufhören. Dass die Formen, Figuren, die Tiere und Menschen und die Farben aufhören. Ich wollte, dass die Spiegel aufhören. Dass die Bäche, die Seen, das Meer, das Eis, die Gletscher, die Regenpfützen aufhören. Denn ich saß in einer Zelle; in der nicht endenden Nacht meines Kontinents, in der Finsternis einer Zelle, Schwärze undurchdringlich wie Schwärze. *Pause.* Wenn es draußen Tag wird, muss dein Kopf sich heben, nach oben strecken, wo ein dünnes Blech, aber unerreichbar hoch, weiße Punkte aus der Sonne stanzt. *Pause.* Lichtpfeile in deine Augen, die den Schmerz der Dunkelheit verstärken.

ABSOLUT Ich habe nicht lange überlegt. Ich glaube nicht an Gottes Existenz, nicht an Zeichen, nicht an Schicksal. Ich glaube an die Wissenschaft. Und die Willenskraft des Menschen. Mehr gibt es nicht. Menschen haben mir die

Augen genommen, und Menschen können sie mir wieder-
geben. Das ist es, woran ich glaube.

ELISIO Allmählich konnte ich die Wände spüren, die die
Schwärze zusammenhielten. Der Boden gab mir Ruhe,
wenn ich mich auf ihm ausstreckte und die Augen schloss,
der Nacht einen Sekundenschlag der Nacht abzwingen wol-
lend, ohne Macht. Und eine Wand gab mir einen Rücken,
wenn ich mich an sie kauerte in einer leichten, nur leichten
Bewegung, die Schwinge eines Vogels im Flug nachahmend
vielleicht. Hitze sickerte leise sirrend in die Schwärze. *Pause.*
Und ich fing an, an einem der Lehmziegel zu kratzen.

ABSOLUT Und der Himmel, der bestirnte Himmel über mir,
den ich nie gesehen habe, hat damit nichts zu tun. *Pause.*
Also habe ich das Geld genommen, danke Fadoul, ich habe keine Skrupel. Und dann habe ich Elisio und Fadoul in
den Blauen Planeten eingeladen, um für sie zu tanzen.
Ein letztes Mal.

ELISIO Ich habe versucht, mehr Löcher zu graben, mit meinen Händen, mit einer Hand, mit den Fingern, mit einem
Finger, mit den Nägeln, mit einem Nagel eines Fingers,
mit einem Nagel einem Nagel einem Nagel an der von
Feuchte metallenen Lehmwand gekratzt gescharrt gekratzt mit einem Fingernagel, bis ich mich in das Licht
hinein, bis ich einen Sonnenstrahl herausgebohrt heraus-
gekratzt herausgescharrt habe aus der Wand, und er
wächst zu einem gleißenden Finger, der Finger aus Licht
wächst jetzt aus meiner Kerkerwand heraus, und er
glänzt, wenn ich die Augen zumache, bebt sein Bild, bebt
hinter meinen Lidern wider –
Langes Schweigen.
Ich will, dass die Bilder aufhören. Dass die Formen, Figuren, die Tiere und Menschen und die Farben aufhören.
Ich will, dass die Spiegel aufhören. *Ad inf.*

16.

Erkennen

Bei Franz und Rosa. Frau Zucker ist inzwischen der linke Un-
terschenkel bis übers Knie amputiert worden. Sie sitzt im
Rollstuhl und hält Nachmittagsschlaf. Frau Habersatt und
Elisio; letzterer hat den Schirm dabei, den er in einer Ecke
vergessen wird.

Sie haben schon bei vier Bestattern vorgesprochen und ihren
Fall dargelegt, aber ohne Ergebnis. Nun wollen sie es ein
fünftes und letztes Mal versuchen, und so stehen Elisio und
Frau Habersatt eines späten Nachmittags in dem winzigen
Zimmer, und Elisio holt umständlich das inzwischen eini-
germaßen mitgenommene Foto der ertrunkenen Frau aus
der inneren Brusttasche seiner einzigen Anzugjacke, wo er es
zwischen zwei zurechtgeschnittenen Pappdeckeln aufbe-
wahrt, und sagt: *Kennen Sie diese Frau?* Franz studiert das
Foto bereitwillig und eingehend, schüttelt den Kopf, reicht
es Elisio zurück, verlangt es mit einer Handbewegung von
neuem zu sehen, hält es dicht vor sein Gesicht, dann auf Ar-
meslänge entfernt und nickt schließlich. Er zeigt vorsichtig
mit einem einwandfrei sauberen Zeigefinger auf das Foto,
ohne es zu berühren, und sagt: *An dem Tag, als ich angefan-*
gen hab bei Berger, da lag sie in der Kühlhalle. Kam aus der
Pathologie, eine Wasserleiche. Sie soll sich ertränkt haben in
der Nähe des Hafens, wo das Ufer flach ist und voller Steine.
Elisio schweigt einen Moment und sagt: *Ich hab sie gesehen,*
ich hab sie gesehen, wie sie ins Wasser gegangen ist. Die beiden Männer schauen sich an. Frau Habersatt muss jetzt erklären, warum sie mitgekommen ist, aber ihr Mund ist zu
trocken. Elisio sagt: *Diese Frau möchte, dass ich sie als Mutter*

adoptiere, aber das ist eine andere Geschichte. Frau Habersatt will keine Peinlichkeit ihretwegen aufkommen lassen: *Er denkt, wenn er herausfindet, wer die Frau war, und den Grund zu ihrem Tod kennenlernt, wenn es ein freiwilliger war, dann könnte er wieder einen Schlaf finden in der Nacht, obwohl seine Schuld bestehen bleibt. Er hat sie nämlich nicht gerettet.* Franz versteht das, er würde gerne helfen, er kennt die Geschichten aller seiner Toten, er würde auch die Geschichte dieser Frau preisgeben, um ein anderes Leben leichter zu machen, aber: *Ich erinnere mich an die Frau wegen ihrer roten Haare, aber ich habe sie nicht versorgt. Ich sah sie nur da liegen, wie sie nackt war, auf der Bahre, vorbereitet, um eingeölt und schön gemacht zu werden, obwohl sie das nicht nötig hatte, denn zwar kam sie aus dem Wasser und ihr Fleisch war schwer, trotzdem blieb sie immer noch eine schöne Frau, mit einer zarten, blauen Haut und geschlossenen Lidern, und ihre Brüste und ihre Füße fielen nach außen. Es hat sich niemand gemeldet, keine Angehörigen, keine Freunde. Und ich, ich habe sie nicht ein einziges Mal berührt. Jetzt, wo ich etwas über sie weiß, wo ich weiß, dass es zwei Menschen gibt, die nach ihr suchen, tut mir das leid.* Sie können die Traurigkeit in Elisios Gesicht nicht sehen, denn Elisio ist zu hartnäckig in diesen Fall verstrickt, er sagt: *Wissen Sie denn wenigstens ihren Namen.* Und wieder muss Franz den Kopf schütteln. Frau Habersatt hält der Last der Tatsachen nicht mehr stand und lässt sich auf das Bett plumpsen, ein kurzer Seufzer flieht aus ihrem Kehlkopf. Franz sagt: *Sie ist eine Namenlose und wurde begraben in einem Armengrab, für das die Stadt bezahlte. Jetzt wissen Sie alles, was ich weiß.* Elisio sieht stumm auf das Foto und denkt an die hereinbrechende Dunkelheit und die kommende Nacht, und daran, dass die Fragen nicht weniger sind als gestern. Frau Zucker erwacht aus ihrem Spätnachmittagsnickerchen und schreckt zusammen: *Seit wann haben wir Besuch. Habe ich etwa Speichel aus dem Mund tropfen lassen. Dafür kann ich nichts, das ist die Diabetes.* Frau Habersatt geht zu ihr und nimmt beruhigend ihre Hand, Frau Zucker ist verwirrt: *Fange ich an zu spinnen, wer sind diese Leute. Ich hatte doch nicht etwa einen Schlaganfall, ich kann mich nicht an sie erinnern.* Franz sagt: *Mein Chef hat sie geschickt, sie wollen eine Auskunft über eine Tote.* Frau Zucker: *Ach so, na mein Schwiegersohn bringt die alle mit nach Hause,* sie deutet auf die Urnen, *bitte, bedienen Sie sich doch.* Und, damit die Gäste keinen schlechten Eindruck bekommen, fügt sie hinzu: *Wissen Sie, ich war immer Kommunistin, aber jetzt habe ich Diabetes und nur noch ein Bein, und dieser Kerl da weigert sich, meine Tochter zu schwängern. Sie haben nicht zufällig ein Plätzchen frei in Ihrer Lebensgemeinschaft.* Frau Habersatt entschließt sich zu einem radikalen Schnitt: *Ich habe überhaupt keine Kinder, leider, und der will mich auch nicht, soll ich Sie ein bisschen spazierenfahren.* Sie schiebt Frau Zuckers Rollstuhl hinaus und an die frische Luft. Frau Zucker ruft: *Bitte kontrollieren Sie auch gleich meinen Blutzuckerspiegel, ich kann jeden Moment ins Koma fallen.* Rosa betritt das Zimmer, ihr Gesicht ein schüchternes Fragezeichen. Elisio glaubt an eine Verwechslung, er ist verwirrt, wer spielt diesen Scherz mit ihm, er macht eine Bewegung wie Flucht, er kann nichts sagen, er kann Rosa nur immer weiter anstarren, und er weiß, das ist jenseits aller Höflichkeit. Franz, um das seltsame Schweigen zu brechen und Rosa eine Antwort auf nichtgestellte Fragen zu geben, sagt: *Dieser Herr hier ist auf der Suche nach einer Frau.* Er bedeutet Elisio, das Foto zu zeigen, Rosa nimmt es und sieht darauf. Rosa: *Aber das bin ja ich!* Elisios Mund macht ein komisches Geräusch, ein *tss* oder *kchch*, während seine Schultern nach oben rucken und sein Kopf nicken will. Aber Franz bleibt gelassen: *Nee, die hat sich umgebracht, die lag am ersten Tag in der Kühlhalle, wie ich zum Berger kam, die kannst du gar nicht kennen.* Und doch, Rosa sieht aus wie eine Tote, und eine Tote könnte aussehen wie Rosa; Rosa tastet nach ihrer Kehle, Rosa versucht, ob sie noch sprechen kann, Rosa kann sprechen, Rosa sagt: *Umgebracht.* Sie sagt es so, als müsse das erst noch einer beweisen, als sei das noch gar nicht sicher, aber Franz weiß Bescheid: *Ja, ist ins Wasser gegangen, am Hafen.* Franz redet nicht gerne über diese Dinge zuhause, er möchte, dass die Toten ihm gehören, und Elisio sagt gar nichts mehr. Elisio ist ein einziges Herzklopfen. Und Rosa muss noch einmal feststellen: *Aber sie sieht aus wie ich!* Sie sieht von Franz, der ihr keinen Blick zurückgibt, zu Elisio, den sie nicht kennt und noch nie gesehen hat, und von dem sie nicht weiß, wie er zu ihrem Foto gekommen ist: *Aber das bin ja ich!* Sie streckt ihm das Foto hin, eine Frage, ein Vorwurf, eine Anklage, eine Schuldzuweisung, ein Urteil; das Urteil, auf das Elisio die ganze Zeit gewartet hat, und auf das er vielleicht sogar gehofft hat, und Elisio nimmt das Foto und sagt: *Ja, das sind Sie.*

17.

Ella III

Helmut, Ellas Mann, hat eine Goldschmiedelupe im Auge und ist mit der Herstellung von etwas sehr Kleinem zwischen seinen Händen beschäftigt. Im Fernsehen läuft eine Ansprache des PRÄSIDENTEN. Ella sieht zu und hat den Ton stumm geschaltet.

ELLA Er produziert Schmuckstücke,
    Tag um Tag, Pfund um Pfund.
    Ringe.
    Seit Jahren produziert er nur noch
    Ringe.
    Wer will all diese Ringe,
    hoffnungslose Kreise ohne Ende und Anfang
    und vor allem ohne Ausgang.
    Ich weiß es nicht.
    Nichts anderes mehr.
    Ringe.
    Aus billigem Nickel, aus Messing Kupfer Plastik Platin
    Silber Gold, mit und ohne Stein, rundum verzierte
                               mehrfach
    umeinander gedrehte oder ganz schlichte Metallbänder
    ohne alles,
    undsoweiter,
    manchmal hängt er zwei ineinander
    wie die Glieder einer Kette,
    als hoffte er
    auf einen Zaubertrick eines Tages,
    der die beiden Verhafteten eines Tages
    voneinander befreien würde eines Tages,

aber mein Lieber, eines Tages
müssen wir das schon selber machen,
denn uns, ungläubig wie wir sind, hilft kein
Erlösungsspruch.
Will ihm einen Schlag auf den Hinterkopf geben, hält aber
inne; stattdessen zärtliche Geste.
Du willst mir nicht weh tun.
Tust du aber.
Die bloße Tatsache,
dass du existierst,
du Schmuckstück,
bringt mich fast um.
Schweigen.
Mein Buch über
»Die Unzuverlässigkeit der Welt«, ich zitiere:
»Wir bemühen uns, für die Ereignisse um uns, für unser
Leben, für das Weltgeschehen eine Erklärung ex post zu
finden in der Hoffnung, wir könnten so, in der Anwendung derselben gesetzmäßig wirkenden Regeln nach vorne, die Zukunft beeinflussen. Aber diese kausale Verknüpfung gibt es tatsächlich erst im Nachhinein, und
niemand, wir nicht, kein Gott und nicht einmal die Natur
selber, ist im Besitz des Wissens um unser aller Weiterentwicklung. Wir könnten genausogut würfeln.«
Pause.
Er versteht nichts,
der Präsident.
Es gibt kein Schicksal
außer dem, das wir selbst bestimmen.
Aber da wir nicht wissen können,
wohin wir es bestimmen,
sind wir blind
gegenüber uns selbst,

nicht wahr, Helmut.
Zärtliche Geste.
Im Nachhinein allerdings
erklären wir alles gerne
mit unserem freien Willen,
um uns nicht wie Tiere zu fühlen,
nicht wahr, Helmut.
Gibt ihm einen Schlag auf den Hinterkopf.
Die kleinen Schritte und die großen.
Du, der Handarbeiter,
mit deiner praktischen Anschauung tagtäglich
von Ursache und Wirkung.
Wird das Metall zu heiß,
läuft es dir davon.
Hab ich dir heute schon gesagt
wie ich dich hasse.
*Will ihm einen Schlag auf den Hinterkopf geben, hält aber
inne; stattdessen zärtliche Geste.*
Zufrieden.
Zufrieden bin ich nie.
Das würde meinem Arbeitsethos widersprechen.
Die Zufriedenheit würde sogar meine Existenz widerlegen,
oder ihr immerhin jegliche Grundlage entziehen,
und da ich nur so weit bin, als ich Arbeit bin –
was rede ich was rede ich,
was denke ich,
ich arbeite also bin ich ich.
Schweigen.
Ich gebe noch nichts verloren.
Ich werde wieder von vorne anfangen,
noch einmal,
einmal noch von vorne anfangen,
bei

A.
Einmal noch den Arsch bewegen,
so sexy wie möglich,
versteht sich.
A
wie
A
wie Anmut
Schweigen.
die Anmut
also ich weiß nicht
zur Anmut fällt mir nichts mehr ein
in meinem Alter
Anmut mutet alt an ja
Pause.
Ach Armut ach so
ach All ach Mut
ach all mein
ach Helmut
ach Mut
Mut
oh weh
oh Wehmut weh mir fehlt der Mut
is ja gut is ja gut
Pause.
na ja
mit Ach und Krach
Schweigen.
Ach Helmut
deine Anmut
zeigt meine Armut
mit Wehmut seh ich
weder Wut noch Glut

Schweigen.
trostlos
das alles
Schweigen. Gibt Helmut so lange Schläge auf den Hinter-
kopf, bis er vornüber auf den Tisch sinkt, blutig, tot.

18.

Die Unzuverlässigkeit der Welt

Absolut, Fadoul, Elisio, Frau Habersatt und Frau Zucker.
Einige Zeit nach Absoluts Operation. In ihrer Mitte Geld.

FADOUL Und.
FRAU HABERSATT Und.
ELISIO Und.
FRAU ZUCKER Lasst sie doch in Ruhe.
ABSOLUT Nichts. Absoluts Nichts. Ha Ha.
FRAU ZUCKER Nu lasst sie doch mal in Ruhe.
ABSOLUT Ich sehe –
FADOUL Ja –
FRAU HABERSATT Ja –
ELISIO Ja –
ABSOLUT Ich sehe Geräusche. Ich höre, was ich sehen sollte.
  Es tut so weh.
FADOUL Das braucht Zeit. Das kann dauern. Du musst dei-
  ne Übungen machen.

Schweigen.

FADOUL Es ist sogar noch etwas übrig geblieben.
ELISIO Das Geld Gottes.
FRAU ZUCKER Noch jemand ohne Operation.
FADOUL Noch jemand ohne erfüllten Wunsch.
ELISIO Ja, wie werden wir legal. Wie werden Tote lebendig.
FADOUL Nun hör doch mal auf. Hör doch mal auf damit.
  Geh doch nach Hause.
ELISIO Wohin nach Hause. Ins Hochhaus. Und dann. Vom
  Dach springen?

FRAU HABERSATT Eine Riesenkakerlake hockt auf seiner Leber und beweint die Welt.

ELISIO Warum bin ich bitter. Warum.

Wedelt vor Absoluts Gesicht herum, die nichts bemerkt. Und.

FADOUL Und.

FRAU HABERSATT Und.

ABSOLUT Was ist denn.

FRAU ZUCKER Noch immer nichts.

ELISIO Jetzt wisst ihrs. Eine sinnlose Quälerei. Eine Hoffnung, die sich ganz umsonst bemüht hat.

FADOUL Das kann dauern. Die Augen müssen sich erst gewöhnen.

FRAU HABERSATT Das Gehirn muss sich gewöhnen.

FRAU ZUCKER Der ganze Mensch muss sich gewöhnen. Ich steh auch manchmal auf, auf zwei Beinen, plötzlich kipp ich weg, und dann fällts mir wieder ein –

ABSOLUT *zu Fadoul* Mir ist schlecht. Mir ist schwindlig. In meinem Kopf wächst ein Ameisenhaufen. Ich laufe wie auf einem Schiff, ich sehe verschwommene Kreise und helle Flecke, und manchmal etwas, das eine Farbe sein könnte, aber sie hat keinen Umriss. Und ich kann weder dich noch Elisio erkennen.

FADOUL Ich kann dir auch sagen, warum. Ich kann dir ganz genau sagen, warum.

FRAU ZUCKER Ich war früher mit den reinsten Raubvogelaugen gesegnet, scharf wie ein Rasiermesser, klar wie ein Gebirgsbach und strahlend wie ein Kristall in der Sonne. Aber die Sehkraft meiner Augen löst sich auf wie ein Stück Würfelzucker im Tee. Ja ja, der Zucker. *Pause.* Wenn ich ein Adler wär –

ABSOLUT Das Gehirn gewöhnt sich nicht mehr.

ELISIO Gib ihm Zeit.

FRAU HABERSATT Geduld und Übung. Sie müssen Ihre Übungen machen. Da hat Fadoul schon recht.

Pause.

FADOUL Was machen wir mit dem Geld.

Schweigen.

ELISIO Es ist dein Geld, Fadoul. Von uns will es keiner.
FRAU HABERSATT Ich an Ihrer Stelle, ich würde es sparen.
FADOUL Für wen. Für wann.
FRAU ZUCKER Was sparen, verprassen Sies, solange Sie noch zwei Beine haben, und seien Sie unbeschwert.

Schweigen.

FADOUL *zu Absolut* Es geht nicht voran, weil du keinen Glauben hast. Du bist eine Ungläubige, und Gott ist ein Dreck für dich. Du glaubst an die Ärzte und die Wissenschaft, aber nicht an die Kraft Gottes, und deswegen kann er nichts für dich tun, und das ist allein deine Schuld.
ELISIO Was erwartest du denn, ein Wunder.
FADOUL Nein, kein Wunder, kein verfluchtverdammtes Wunder, obwohl Gott auch das wirken könnte, denn er kann alles wirken, aber ihr behandelt ihn mit Spott, deswegen schickt er kein Glück auf euer Haupt; warum hat er mir die Tüte geschickt, warum mir? Unter allen Illegalen und Aussätzigen und obdachlosen Unwürdigen ausgerechnet mir, habt ihr darüber schon mal nachgedacht?
ELISIO Vielleicht, weil du ein Heiliger bist, Fadoul? Vielleicht, weil du nie irgendetwas Unrechtes getan hast? Vielleicht, weil es eine nützliche Tat war, einer Frau beim

102

Ertrinken zuzusehen, ohne deine göttlichen Finger zu rühren? Vielleicht ist die verfickte Tüte eine verfickte Belohnung?

FADOUL *zeigt, dass er sich beherrschen kann* Was ich erwarte, ist, dass sie betet und mitarbeitet, kein Wunder, kein Wunder, ich erwarte nur, dass sie ein kleines bisschen betet und kooperiert –

FRAU ZUCKER Lieber Herr Fadoul, genau das sag ich zu meinem Phantomschmerz auch immer: bitte, lieber Phantomschmerz, kooperiere mit dem Rest meines Körpers und verschwinde endlich.

FADOUL Hab schon verstanden, hab schon verstanden. *Packt das Geld in die Tüte.* Was wollt ihr noch, dass ich für euch tue. Ich mach euch Geschenke, ich geb euch Geld, ich öffne euch die Welt. Ich bringe das Licht. Ihr braucht mir nur zu sagen, was ihr wollt, glaubt an mich und habt Geduld – *Pause.* Absolut, streng dich ein bisschen an, streng dich doch ein bisschen an, mir zuliebe – bitte.

ABSOLUT Geräusche, Fadoul. Bunte und helle Kreise. Sonst nichts.

FADOUL Willst du nicht, oder kannst du nicht! Sieh! Sieh!

ABSOLUT Nicht, Fadoul, lass mich – ich seh dich nicht, ich seh dich nicht.

FADOUL Schöne Feier hier. Ihr seid Abtrünnige, ihr seid Feiglinge, die Hoffnung soll aus euch fahren für immer – Aber ich, ich bin fröhlich. Ich bin so was von fröhlich. Nämlich das Geld macht mich fröhlich. Das Geld macht mich sogar glücklich. Auch ohne euch. *Nimmt das Geld und geht.*

Schweigen.

ABSOLUT Wenn ihr jeder einen Wunsch frei hättet, jetzt, hier, um was würdet ihr bitten?
FRAU ZUCKER Wenn ich ein Tankwart wäre –
FRAU HABERSATT Ich würde gerne – Ich würde gerne –

Schweigen.

FRAU HABERSATT Ich wäre gern die Hüterin einer fahrbaren Bücherei. Ich besäße nur frisch gedruckte Bücher mit neuen Seiten, die ich im Schlaf inhalierte. Ich würde jeden Anhalter mitnehmen, der mir gefällt. Sie müssten mir vorlesen, und wenn ich ihrer Stimme müde wäre, würde ich sie am Straßenrand aussetzen. Ich wäre nie mehr eine Anhängliche, nie mehr... Ich würde an mich denken, ich würde die Jugend vergessen. Ich wäre ein – Zugvogel.
FRAU ZUCKER Wenn ich ein Tankwart wäre – Lacht mich nicht aus. Ich mag den Geruch von Benzin. Ich würde irgendwo im weiten Land neben meiner einsamen Zapfsäule sitzen und den Autos hinterherträumen, die vorbeifahren. – Manchen klemme ich ein kleines, gemeines Pamphlet hinter die Scheibenwischer. Ich liefere den Treibstoff und die Feuergefahr. – Und von Zeit zu Zeit würde ich hundert Meter die Straße hinuntergehen oder in das nächste Feld, oder auf einen Hügel, weit genug jedenfalls, und eine Zigarette rauchen. In aller Ruhe.
Schweigen.
Aber irgendwann, wenn meine Zeit gekommen wäre, würde ich mein Bett neben die Zapfsäule schieben, in eine große Benzinpfütze; ich würde eine Zigarette rauchen und ins Koma fallen, und dann gäbe es eine ungeheure Zuckerexplosion –

Schweigen.

ELISIO Absolut?

ABSOLUT Ich – ich kehre zurück in den Blauen Planeten. In seine vollkommene Welt, sein rotgoldenes Licht und den Dunst der Männer, die von der Arbeit kommen und sich kurz die Haare nass gekämmt haben und die Achseln gewaschen mit Rosmarinseife. Ich werde wieder tanzen. Was sollte ich sonst tun.

Schweigen.

ELISIO Ich –
Ich wäre gerne ein Rettungsschwimmer.

19.

Vor dem Horizont des Meeres II

Vor dem Horizont des Meeres geht Rosa spazieren, unter einem Schirm. Am Rande des Wassers geht sie auf und ab, nur einmal. Sie legt den Schirm ab, ohne ihn zuzuklappen, der Wind weht ihn zum Wasser, die Wellen tragen ihn fort. Sie zieht sich langsam aus, legt ihre Kleidungsstücke einzeln nacheinander sorgfältig zusammen und ordnet sie auf einen Stapel, als würde sie sie in einen Schrank legen wollen. Ihre Bewegungen sind fließend und konzentriert. Sie lässt den Stapel hinter sich. Sie geht in die Zukunft.

Das Leben auf der Praça Roosevelt

PERSONEN

HERR MIRADOR, *ein Polizist*
FRAU MIRADOR, *seine Frau, eine Näherin*
VITO, *ein Fabrikbesitzer*
CONCHA, *seine Sekretärin*
AURORA, *eine alte Sängerin, immer noch sehr gut aussehend*
BINGO, *Zahlensprecherin in einer Bingohalle*
RAIMUNDO, genannt Mundo, *arbeitslos (fast stumme Rolle)*

und:
Zwei ehemalige Arbeitskollegen von Mundo
Mann mit Anzug, Koffer, Handy
Die doppelte Maria
Bibi
Ehepaar am Fenster

sowie die Stummen Zeugen:
Frau mit Zähnen und Spiegel
Mann mit Elefantenkrankheit
Susana, *jung, überirdisch schön*
Frau mit Knochen

Das Stück spielt in São Paulo.

Anmerkung:
Aurora, Bibi und Susana sind Transsexuelle, ohne ge-
schlechtsangleichende Operation.
Aurora hat als musikalisches Leitmotiv: *Manhã tão bonita
manhã ...* (Manhã de Carnaval, cf. Virginia Rodrigues: Sol
Negro).

Ich widme dieses Stück
Rodolfo Garcia Vazquez
Ivam Cabral
Michel Marlene Fernandes
Phedra de Cordoba
und allen Bewohnern
der Praça Roosevelt.

1.

ORANGEN I

*Herr Mirador im Krankenbett. Liegt im Koma, wird künst-
lich beatmet.*

FRAU MIRADOR Ich bin zurückgekehrt.
  Leise.
  Hörst du.
  Pause.
  Zu dir.
  Ich bin wieder da.
  Pause.
  Ich bin wieder da.
  Stille.
  Du hast zu viel Orangen gegessen.
  Pause.
  Sie sagen,
  du hast zu viel Orangen gegessen.
  Sie sagen,
  du kannst mich hören.
  Pause.
  Ich habe gedacht,
  es ist deine Schuld.
  Und ich habe gesagt,
  es ist deine Schuld.
  *Packt eine Orange aus ihrer Tasche, schält sie, mit den
  Händen.*
  Wenn du einen anderen
  Beruf gehabt hättest,
  wenn du eine andere Einstellung
  zu deinem Beruf gehabt hättest,

dann wäre er noch am Leben.
Wenn du ein anderer wärst.
Wenn du ein anderer gewesen wärst.
Packt eine Orange nach der anderen aus ihrer Tasche,
schält sie mit den Händen.
Er hat so gern Orangen gegessen.
Nichts als Orangen.
Sein Leben lang.
Für sein Leben gern.
Zerreißt das Fruchtfleisch mit den Händen.
Sie sagen,
du liegst im Sterben.
Sie sagen,
du kannst mich hören.
Aber verstehst du mich auch.
Der Anlaß ist es wert, dachte ich,
zurückzukehren,
bis daß der Tod uns trennt.
Pause.
Die Orangen haben deine Schleimhäute zersetzt,
die Säure hat sich in deine Magenwände gefressen,
hat deine Darmschläuche perforiert.
Sie sagen,
deine Speiseröhre, deine Mundhöhle,
dein Gaumen sind verätzt.
Zeig mir die Zunge.
Laß mich deine Lippen sehen.
Lacht. Schält Orangen, zerreißt das Fruchtfleisch mit den
Händen.
Sie sagen,
die Säure frißt sich weiter,
Blut füllt deine Bauchhöhle;
sie sagen,

112

du hast Schmerzen beim Atmen;
sie sagen, du wirst verhungern,
aber bevor du verhungerst,
wirst du verdursten.
Pause.
Ist das so.
Pause.
Ist das so.
Wolltest du wissen, wie das ist.
Ein langsamer Tod.
Wolltest du sterben,
wie er gestorben ist.
Pause.
Mitten im Sommer,
und es riecht nach Orangen.
Ich habe mir Kilo um Kilo einpacken lassen,
nur die guten, die süßen.
Kilo um Kilo werde ich hierher bringen.
Damit der Geruch dich erinnert.
Pause.
Du wirst dich erinnern müssen.

2.

HERR MIRADOR *Ich bin nur ein Polizist. Meine Wache war
auf der Praça Roosevelt. Die Praça Roosevelt ist ein häß-
licher und schiefer Ort. Ein Ort, an dem alles am falschen
Platz zu sein scheint, sogar die Bäume, und ich kann nicht
sagen, daß ich ihn liebe. In der Mitte des Platzes eine
Backsteinkirche, an ihrem Eingangsportal vorbei eine
vierspurige Straße. Linkerhand von der Kirche unsere
Wache, eine Baracke aus Beton, rechterhand eine Tiefga-
rage. Die Platanen um die Kirche hat man stehen lassen.
Da wohnen die Dealer. Sie wohnen auf den Bäumen, sie
schlafen dort und hängen ihre Kleider in die Äste, und
manchmal, wenn einer von den Anwohnern unter den
Bäumen vorbeigeht, spucken sie ihm auf den Kopf, sie
spucken dir oder pinkeln dir auf den Kopf. Sie haben ihre
Verstecke unter dem Trottoir, in den Gängen, die sich in
die Kanalisation verzweigen. Vor aller Augen heben sie
die Kanaldeckel und lassen die Tüten mit der Ware hinunter, wo sie sie von den Bäumen aus beobachten können,
aber niemand, nicht die Kinder, auch nicht die Bonbon-
verkäuferin, keiner von denen, die sich in einer der unter-
irdischen Nischen eine vorübergehende Heimat eingerich-
tet haben, würde wagen, irgendetwas von ihnen zu
stehlen.
In den Plattenbauten rund um den Platz findest du die
Bordelle. Mit den Bordellen ist es so: nehmen wir an, ein
Haus hat 18 Stockwerke. Du gehst also zum Eingang, sagen wir um neun oder zehn Uhr abends, und zahlst, sagen
wir 50 Reais. Du fährst mit dem Lift in den 18. Stock. Und
dann suchst du dir ein Zimmer mit einem Mann oder einer
Frau, oder einer Frau, die ein Mann ist oder einem Mann,
der eine Frau ist, oder mit beidem, du kannst dir in jedem*

Stockwerk etwas anderes, jemand anderen aussuchen. Und so vögelst du dich langsam nach unten durch, durch alle 18 Stockwerke, bis du um sieben Uhr früh wieder im Erdgeschoß ankommst. Pause.

Dann gibt es noch ein paar Kneipen und jede Menge Büros, eine Bingohalle, eine Änderungsschneiderei, dort drüben ist der Transenstrich, und eine kleine Fabrik für --- Metallwaren. Lacht.

Im Grunde ist die Praça Roosevelt also so gut oder so schlecht wie jeder andere Platz in dieser Stadt. Oder sollte ich besser sagen, jeder andere Platz, den ich kenne.

Ich habe nicht viel geredet mit meinen Kollegen. Sie haben ihre Geschäfte ohne mich gemacht, das war dumm von mir. Ich konnte nicht anders. Ich hatte Glück. Sie ließen mich in Ruhe. Ich ging oft alleine und nachts durch die Straßen, das macht keiner meiner Kollegen, es ist sogar verboten. Auch das ließen sie mich tun, vielleicht haben sie auf ein anderes Ende gehofft.

Einmal bin ich in eine Bücherei gegangen, um herauszufinden, warum der Platz nach Roosevelt benannt ist. Was hat das für eine Bedeutung, fragte ich die Dame an der Information.

Die Frage war einfach: Mein Dienst war sinnlos. Ich wußte das. Vielleicht wäre es anders, wenn ich die Zusammenhänge finden könnte. Was genau Roosevelt getan hat. Und warum dieser Scheißplatz so heißt. Was hat dieser Franklin mit uns zu tun. Wo ist unsere Geschichte, und wo komme ich darin vor. Es kann doch nicht alles nur Willkür sein. Es muß doch einen Grund haben, warum ich hier bin.

Pause.

Mein Unglück begann, als ich eines Abends unter den Bäumen jemanden sah und an einen Zufall glauben wollte. Ich kam langsam näher, und der Zufall lief weg. Er lief weg und verschwand. Aber ich hatte ihn erkannt.

Warum war ich hier. Warum mußte ich meinen Sohn hier sehen.

Pause.

Die Frau an der Information sagte, sie müsse erst ein wenig forschen.

Ich habe das Ergebnis nie erfahren.

3.

Zwei ehemalige Arbeitskollegen von Mundo.

Hast du was von Mundo gehört.
Mundo. *Pause.* Sagt mir jetzt nix.
Raimundo. Mundo. Der mit uns in der Fabrik war. Auchn
Dreher. Hat am Schluß die Löcher in die Trommeln ge-
stanzt. Und dann wurder entlassen.
Nee.
Was.
Kann ich mich erinnern. Aber nee, was soll ich gehört ha-
ben.
Der sitzt jetzt auf der Praça Roosevelt.
Wie.
Na wie. Wie man halt sitzt. Auf der Erde aufm Stuhl aufm
Stein was weiß ich.
Pause.
Versteh ich nich.
Neben ner Laterne, wos bißchen grün ist und hell, aufm Ra-
senfleck, am Rand von der Praça Roosevelt, in der Nähe von
der Straße.
Ja und.
Ja da sitzt der jetzt.
Wie sitzt da jetzt, für immer oder was.
So siehts aus.
Pause.
Was du für Zeug erzählst.
Du kennst ihn doch gar nich, du kennst den Mundo gar nich.
Doch kenn ich ihn, kann mich an ihn erinnern, hab mit ihm
gearbeitet.
Du kennst ihn nich, ich kenn ihn, also sag nich, daß ich Zeug
erzähl.

Pause.
Sag nich, daß ich lüge.
Ich sag nich, daß du lügst.
Pause.
Bist eben nSkeptiker.
So siehts aus.
Pause.
Der hat die Wohnung verloren, weil er die Miete nich mehr zahlen konnte. Kein Dach überm Kopf, zu stolz zum Betteln, setzt sich also neben die Laterne.
Schweigen.
Mann hör uff du.
Tatsache alles. Tatsache.
Pause.
Mann hör uff du. Könnte uns auch passieren. Schneller als de die Hand umdrehst. Hör uff du.
Deswegen sag ichs dir ja.
Ich verpaß dir gleich eins. Laß ich mir den Feierabend versauen, meinste das oder wie, meinste ich komm nich zum Nachdenken ohne deine Hilfe oder wie oder was meinste woran ich denk jeden Tag, wenn ich hier sitze und mein Bier trink und dann rumgeh und die Aludosen einsammle.
Ans Pfand denkste.
Ja eben du Schnauze jetz aber.
Schweigen.
Ich hab an was andres gedacht. Ich wollt mit dir reden, weil ich hab an was andres gedacht.
Spucks aus oder verschluck dich.
Ich hab gedacht, hatte der keinen Freund.
Sieht nich so aus.
Ich hab gedacht, mir könnt das nich passieren, weil ich hätte nen Freund, bei dem könnt ich erstmal wohnen und so.
Klar, der verdient für dich mit und füttert dich durch, und

seine Frau leiht er dir auch gleich der Freund, der teilt alles
mit dir, sag ma wo lebstn du.

Hab ich so gedacht.

Ja dann frag mal den Mundo, wo der war die letzten drei
Monate. Im Obdachlosenheim wahrscheinlich, und irgendwann hältste das nich mehr aus.

Pause.

Ja Mann, klar würd ich dir helfen, aber ewig nich, alles hat
seine Grenzen, das Geld zuerst. Und wenn wir beide keine
Arbeit mehr haben, daran schon mal gedacht, wer zieht
dann zu wem.

Pause.

Vom Mundo heißt es, der würds nich mehr anders wollen.

Das sagt einer, der keine Wahl hat. Kennste den Fuchs und
die Trauben.

Der sitzt da den ganzen Tag sitzt einfach nur da, wenn du
ihn fragen tust, sagt er –

Was sagt er.

Sagt gar nix mehr. Hat aufgehört zu reden.

Pause.

Und wovon lebt er oder isser schon so heilig, braucht er nur
Wasser und kein Brot, nix zum Kauen, schwebt er schon in
der Luft, guckt er schon so indisch, isser schon jenseits oder
wie.

Kann das nich leiden, wenn du dich lustig machst.

Pause.

Dem bringen die Leute von der Umgebung, die bringen ihm
was zum Beißen, kommen vom Einkauf, die Tüte noch in
der Hand, lassen ihm nen Apfel da, ne Tüte Milch, ne halbe
Wurst.

Pause.

Einfach so.

Einfach so.

Pause.
Eine Zeitlang hat er noch was geschrieben. Tag und Nacht.
Tag und Nacht geschrieben, auf Zettel, in Kladden, das hat
er den Leuten geschenkt.
Gedichte oder was.
Fürbitten.
Fürbitten.
Fürbitten.
Pause.
Mann hör uff du. Fürbitten son Scheiß, verdammich, für was
will der Mundo denn bitten, für was.
Es heißt die Leute gehen hin und erzählen ihm – alles. Ihr
ganzes Leben. Der hört denen zu. Und dann gabs die Für-
bitten. *Pause.* Eine Zeitlang. Jetzt weiß ich nich.
N lebender Glückskeks wa.
Kann das nich leiden, wenn du dich lustig machst. Dann ge-
hen wir jetz hin du, dann siehstes schon.
Kann mir das nich vorstellen.
Dann gehen wir jetz hin, jetze gleich, dann siehstes, los,
dann tut sich vielleicht auch mal was bewegen in deim Kopf.

*Sie gehen hin. Es regnet. Jemand sitzt da, unter einer
schwarzen Mülltüte, unbeweglich. Sieht aus wie ein ver-
hülltes Denkmal. Die beiden warten eine Weile, schwei-
gend. Nichts passiert, der Regen fällt.*

4.

Im Büro.

CONCHA Ich sitze in einem Großraumbüro. Zwölf Tische, vierundzwanzig Stühle, es sieht aus wie in einem Klassenzimmer. Die Tische sind leer, die Stühle verlassen, als wären Ferien. Die großen Entlassungsferien. Ich habe meinen Platz in der Mitte des Zimmers, ich versuche so viel Raum wie möglich zu füllen, ich versuche nach mehr auszusehen, nach mehreren, nach vielen. Die Tür, die vom Flur in das Büro führt, ist in der Nähe meines Tisches. Auch deshalb sitze ich in der Mitte des Raumes. Wenn der Fabrikdirektor hereintritt, steht er unmittelbar vor mir, seiner Chefsekretärin. Ich wende mich ihm zu. Ich bin jetzt Vergangenheit und Zukunft in einem. In mir sieht er die Büroangestellten, die einmal alle für ihn gearbeitet haben, die er entlassen hat. Und in mir soll er das Potential sehen, das trotz allem noch vor ihm liegt.

Entspannt sich, lacht, schüttelt den Kopf. Pause. Nimmt einen Handspiegel, betrachtet sich darin.

CONCHA Man sieht es mir nicht an. Man sieht mir gar nichts an. Meine Ansicht läßt durchaus an eine Zukunft denken.

Auftritt Vito.

VITO Sie können heute früher nach Hause gehen, Concha.
CONCHA Und was wird aus Ihnen.
VITO Ich werde auch früher nach Hause gehen.

Schweigen.

CONCHA Es geht uns doch nicht schlecht.

VITO Wie es Ihnen geht, weiß ich nicht.

CONCHA Ich verstehe das nicht. Das Geschäft läuft so gut.

VITO Zu gut. Viel zu gut.

CONCHA Wieso entlassen Sie dann immer mehr Leute.

VITO Jeden Morgen fragen Sie mich, wie es mir geht. Aber Sie fragen nicht nach mir, in Wirklichkeit wollen Sie wissen, wie es dem Geschäft geht. Das ist alles, wofür Sie sich interessieren.

CONCHA Dafür haben Sie mich eingestellt.

VITO Nicht ich habe Sie eingestellt, mein Vater hat Sie eingestellt; ich habe Sie übernommen, wie ich die Tische und Stühle und die Lampen und die Vorhänge hier übernommen habe, und die Maschinen unten in der Halle, und sogar sein Auto und seinen Chauffeur. Und alles ist häßlich. Häßliche alte Büromöbel mit Wurmlöchern. Gott sei Dank ist das Auto verreckt. Gott sei Dank hatte der Chauffeur einen Schlaganfall, wenigstens ihn muß ich nicht mehr sehen.

Und verzeihen Sie, wenn ich das sage, Concha, Sie stinken heute wieder unerträglich nach Katzendreck. Ich kann ja verstehen, daß Ihnen das Alleinsein schwerfällt, aber wieso riechen Ihre Viecher so streng.

CONCHA Das kommt von - das kommt vielleicht vom Futter.

VITO Es stinkt wie Abfall.

Schweigen.

CONCHA Was soll aus den Leuten werden, ohne Arbeit.

VITO Sie sterben. Früher oder später. Das ist etwas, worüber Sie sich offensichtlich noch nie Gedanken gemacht haben, Concha. Denn wenn Sie sich mal Gedanken darüber gemacht hätten und eine fähige Mitarbeiterin wären und nicht nur die befleckte Hinterlassenschaft meines Vaters selig, dann hätten Sie mich schon längst darauf aufmerksam gemacht. Oder nicht. Wir sterben. Früher oder später.

CONCHA *langsam* Da ist was Wahres dran.

VITO Ich werde Ihnen etwas erklären, Concha, etwas, das Sie vielleicht nicht verstehen, auch ich habe es allmählich erst verstanden, aber ich möchte sehr gern, daß Sie es auch begreifen.

CONCHA Eines möchte ich meinem Chef wirklich mal klarmachen. Ich bin nicht defizitär. Ich bin keine einsame Frau, die von ihrem Mann verlassen wurde und jetzt einen Katzenfimmel hat und abends vor der Glotze hockt und sich die lebenden Rheumakissen ins Kreuz drückt. Ich war es, die ihn zum Teufel geschickt hat. Und – ich habe drei erwachsene Kinder. Die mich nicht mehr brauchen. Das haben sie mir zu verdanken. So. Jetzt vergleichen wir mal. Was haben Sie. Außer Sodbrennen.

Zu Vito.

Ich versuch es.

VITO Ich habe 17 Arbeiter entlassen müssen im letzten halben Jahr. Und elf Büroangestellte.

CONCHA Warum müssen. Woran wollen Sie sparen. Die Geschäfte laufen gut. Die Entlassenen hassen Sie.

VITO Und ich werde noch mehr entlassen. Sie werde ich auch entlassen. Allerdings als letzte. Denn Sie brauche ich bis zum Schluß. Aber es wird nicht mehr lange dauern. Dann sind es alle, alle 48 Mitarbeiter, und dieser Standort wird dicht gemacht. Schluß. Auch falls keiner von ihnen mehr eine Arbeit findet, was ich bezweifle, werden sie nicht verhungern. Sie werden nicht verhungern. Aber selbst wenn, selbst wenn, dann haben wir 48 Verhungerte, plus die Verhungerten der restlichen Filialen, die ich auch schließen werde. Und jetzt frage ich Sie, Concha, jetzt frage ich Ihr Gewissen, wieviele Menschen sind letztes Jahr ums Leben gekommen. Durch P-HAF.

CONCHA Durch P-HAF?[1]

VITO Perforation durch Handfeuerwaffe.

CONCHA Wie jetzt, wo jetzt, weltweit oder was.

VITO Nur hier, nur in dieser Stadt.

CONCHA Pffff, so paar tausend.

VITO Fünftausendfünfhundertvierunddreißig. *Pause.* Und jetzt frage ich sie, was sind 48 hypothetisch Verhungerte gegen 5.534 real Erschossene.

CONCHA Na – Äpfel und Birnen?

VITO Nee.

CONCHA Peanuts?

VITO Nee. Ursache und Wirkung. *Pause.* Und, dämmerts allmählich?

CONCHA Jaa, – doch, ja. Klar. Verstehe.

VITO Das freut mich. *Pause.* Das freut mich sehr.

Schweigen.

VITO Ist der Junge wieder aufgetaucht?

CONCHA Was für ein Junge?

VITO Der hier war, weil er Arbeit wollte. Vor ein paar Wochen. Von dem Sie mir erzählten, der zwei Stunden auf mich wartete.

CONCHA Den hab ich nie mehr gesehen. Wer weiß, was aus ihm geworden ist.

VITO Ich hätte mit ihm reden wollen, ihm erklären, warum ich niemanden mehr einstelle.

---

1   urspr. »PAF«: »perforaçao por arma de fogo« oder »projetil de arma de fogo«

CONCHA Ich bin nicht sicher, ob er das verstanden hätte.

VITO Falls er wiederkommen sollte, wenn es einer von diesen Hartnäckigen sein sollte, sagen Sie mir gleich Bescheid. *Ab.*

CONCHA Ein hübscher Junge, 19 oder 20. Es war schön, ihn hier zu haben. Zwei Stunden lang war ich nicht allein. Sein Vater ist Polizist, da unten auf dem Platz. Und am liebsten ißt er Orangen. Seine Fingerkuppen waren gelb, nicht von Zigaretten, von Orangen. Er brachte diesen Geruch mit, nach gerade geschälten Früchten, nach Zitrusschalen, er hing in seinen Kleidern. Das hat mir gefallen. *Schweigen.* Er sagte einen merkwürdigen Satz, er sagte, mit dieser Arbeit könnte ich mir Respekt verschaffen. Sie würde mein Leben retten.

Nimmt den Handspiegel, betrachtet sich darin.

CONCHA Ich kanns ihm nicht sagen. *Pause.* Ihm kann ichs gar nicht sagen.

Mein Ex-Mann hat eine neue. Junge Frau. Ihm kann ichs auch nicht sagen.

Die Kinder. Roberto ist in Florida, kurz vor dem Examen, Ronaldo in Florianopolis, mit dem Neugeborenen, Liliana lernt Krankenschwester in Belém. Ihr könnt ichs vielleicht sagen. *Pause.* Nee, doch nicht.

5.

Mundo, noch immer unter seiner Mülltüte sitzend. Aurora
nähert sich ihm, bleibt neben ihm stehen, wartet. Summt
»Manhã tão bonita manhã ...«

AURORA Das ist kein guter Platz für dich.
Pause.
Das ist ein gefährlicher Platz für dich.
Kannst du mir glauben.
Deutet auf die Bäume.
Ich beobachte sie.
Noch lassen sie dich in Ruhe,
aber der Tag wird kommen,
an dem sie finden werden, daß du hier
ganz ungünstig sitzt, weißt du.
Ganz ganz ungünstig, mein Lieber.
Und dann, dann machen sie dich kalt.
Ich kann dir keinen Schlafplatz anbieten,
in meiner Bude ist es voll.
Ich teile sie mit Bibi, du kennst sie,
kommt manchmal im Morgengrauen hier vorbei,
wie ich auch, aber sie als Bettlerin,
sie hat Kunden, die mögen das.
Und dann schleppt sie die Kerle zu uns nach Hause,
obwohl ich ihr das schon hundert Mal verboten habe.
Lacht. Pause.
Und Concha wiederum will ich nicht besuchen
wegen meiner Katzenallergie.
Das werden ja immer mehr bei ihr zuhause.
Das müssen fantastische Vermehrungsbedingungen sein.
Bei Concha vermehren sich die Katzen
wie bei anderen Leuten die Kakerlaken.

Also müssen wir uns einen neutralen Ort suchen.
Lacht.
Ein Niemandsland.
Lacht.
Bewacht von einem Stummen –
Einem stummen Zeugen –
Schreibst du noch Fürbitten –
Pause.
Mensch, Raimundo, Mundo, he,
komm doch mal raus da,
komm vor unter deiner Tüte.
Wie kriegst du da überhaupt Luft.
Nicht mal rauchen kannst du so –
Pause.
Aus einem kleinen Loch in der Müllplane quillt Rauch.
Pause.
Ich weiß, du hast keine Arbeit mehr,
aber – pfffmenschmenschmenschdu, ich bin auch so was
von abgebrannt –
Durch das Loch wird eine Zigarette gesteckt.
Der Himmel vergelts dir.
Auftritt Concha.
Wo bleibst du.
CONCHA Fährst du mit mir zum Friedhof.
AURORA Ach nee, nich schon wieder.
CONCHA Ich hatte dieses unangenehme Gespräch mit meinem Chef. Ein Chef, der mir von seinem Vater hinterlassen wurde, aber ich wurde ja auch von seinem Vater hinterlassen, und er behandelt mich, als wäre ich ein Teppich mit Motten drin oder ein altes chinesisches Porzellan, von dem sich rausstellt, es ist gefälscht und folglich wertlos. *Pause.* Und jetzt ist Feierabend. Und ich steige in den Omnibus und fahre raus zum Friedhof Sankt Luis.

AURORA *zu Mundo* Das macht sie immer. Wenn es ihr schlecht geht, fährt sie zum Friedhof, setzt sich ins Gras und starrt auf diese - Einöde. Diese Gräberwüste. Anders kann mans nicht nennen, ein Armenfriedhof eben. Ihr Neffe ist dort begraben. Und mein Paulinho, Gott hab ihn selig.

CONCHA Der Friedhof Sankt Luis liegt weit im Süden, es dauert mehr als zwei Stunden, bis ich dort ankomme, ich muß drei mal umsteigen, und es ist grade noch eine Stunde hell. Wir müssen uns beeilen.

AURORA Und wir haben uns dort kennengelernt. – Ich will nicht. Laß uns in ein Café gehen.

CONCHA *zu Mundo* Er hieß Rodrigo. Ich bringe ihm manchmal eine Kerze und ein paar Blumen, damit er weiß, daß ich ihn nicht vergessen habe.

AURORA Das macht sie immer. Wenn es ihr schlecht geht, fährt sie auf den Friedhof. Ich sag dazu nix.

CONCHA *zu Mundo* Rodrigo war Malerlehrling, er war siebzehn und stand auf einer Leiter, um eine Hauswand anzumalen, als ein Kerl um die Ecke kam und ihn von der Leiter runter schoß. Er hatte einen Auftrag, er sollte einen Jungen umbringen, der aus einer Diebesbande aussteigen wollte, und das war das Ende meines Neffen. Tod durch Verwechslung. Da wird der liebe Gott gelacht haben.

AURORA Der Friedhof sieht aus wie ein Acker. Ein Gottesacker, ja. Keine Bäume, keine Blumen, keine Bänke. Um die meisten Gräber kümmert sich niemand, sie sinken ins Erdreich zurück, von kargen Grasbüscheln überwuchert, hie und da bleibt ein krummes kleines Kreuz übrig.

CONCHA Ich stelle mir vor, die Toten kämen aus ihren Gräbern, ich könnte alle diese Stimmen hören. Jede erzählte mir ein Ereignis, das wichtigste Ereignis in ihrem Leben, und keine einzige Biographie ginge verloren.

AURORA Ich glaube, ihr gefällt das. Warum eigentlich. Du siehst solide aus, ich bin die Morbide.

CONCHA Ich stelle mir die Stimmen zu den Gesichtern vor; an der halbhohen Mauer links vom Eingang: Hunderte von ovalen Emailbildern mit den Porträts von Verstorbenen. Ohne Namen. Nur die Gesichter. Und da treffe ich sie. Aurora. Am 25.11. letzten Jahres. *Deutet auf Aurora.* Trägt einen Fummel und sieht aus wie eine Dame.

AURORA Und ich sage zu dieser kleinen Tonne, zu dieser morschen Wachtel, die mit ihren Sekretärinnenschühchen, auf die ich schon ein Auge geworfen hatte, im Lehm rumsteht –

CONCHA Bleiben Sie noch länger hier, sagt sie. Ich betrachte die Emailbilder. Eingehend.

AURORA Kennen Sie jemand von denen. Sie schüttelt den Kopf.

CONCHA Falls Sie ein Gesicht finden, das in dieser Steppe herumliegt, dann übergeben Sie es bitte der Friedhofsverwaltung. Die wird es an die Mauer kleben, damit es wenigstens vorübergehend aufgeräumt ist. Kommen Sie mal näher.

AURORA Ich betrachte die Emailbilder. Eingehend.

CONCHA Kennen Sie jemand von denen. Sie schüttelt den Kopf. – Falls Sie ein Gesicht erkennen und wissen, zu wem es gehört, einen Namen, eine Geschichte, ein Sterbedatum, dann sagen Sie es, dann kann man das Gesicht zu seinen Angehörigen zurückbringen. Das Spiel heißt Memory, aber wer ist der Gewinner.

AURORA Es gibt nicht viele leere Stellen an der Mauer, wo ein Gesicht erkannt und fortgenommen wurde. – Und wiedervereint mit der Familie.

CONCHA Nein. *Schweigen.* Ein hübsches Kleid haben Sie da an.

AURORA Schöne Schuhe an den Füßen, an Ihren da.
CONCHA Und so wurden wir Freundinnen.

Pause.

CONCHA Aurora traut sich nicht allein auf den Friedhof. Sie
hatte einen Liebhaber, das muß eine Ewigkeit her sein,
der eines Morgens tot in seinem Bett gefunden wurde,
– der Virus – , und seine Knochen lagern in einer Nische.
Aurora behauptet, alleinstehende Frauen würden hier
überfallen und ausgeraubt. Einmal im Jahr also kommt sie
mit dem Bus und läßt ihre Blumen dann am Eingang liegen.
AURORA Du mußt den Tatsachen ins Auge sehen, sagt Concha zu mir, sie überfallen dich nicht, weil du eine Frau
bist, sondern weil du keine bist. Also scheiß dir nicht in
die Hosen. Und dann suchen wir zusammen das Grab
von meinem armen kleinen Paulo, ich hab vergessen, wo
es liegt.
CONCHA Und so wurden wir Freundinnen.
AURORA Aurora, sagt Concha zu mir, ehrlich gesagt, deine
Haare sind grauenhaft, aber ich bewundere deine Finger-
nägel. Und ich sage, Concha, du Miesmuschel, du solltest
mal zum Zahnarzt gehen. Du solltest zum Zahnarzt gehen, bevor du so weit das Maul aufreißt. *Pause.* Und so
werden wir Freundinnen. Allmählich.
CONCHA Ja, ganz langsam. *Pause.* Als ich ihr von meinem
Chef erzähle, und von seinen Geschäften und von Paraguay, kriegt sie eine dunkle Stirn. Ich sage, das ist nicht
schlechter als in stinkigen Nachtclubs seinen Silikonarsch
hinzuhalten, so wie du das tust.
AURORA Ich sage, ich bin eine Künstlerin, und davon verstehst du nichts; aber eines Tages wird dir ein Licht aufge-

hen, die Morgenröte von Cordoba, die Morgenröte, wie sie sich auf den Tag freut, wie sie sich auf das Leben freut, wie sie kämpft um jeden Tag, und um das Leben, das ihr verweigert wurde; aber dieses Herz, diese Seele, versucht dennoch, sie selber zu sein ...

CONCHA Gott, sie ist so pathetisch – .

AURORA Aber sie hört mir zu, Concha hört mir zu. Ich heitere sie auf. Nicht wahr, Concha.

CONCHA Die Geschichte von Panama. Erzähl die Geschichte von Panama. – Nein, erzähl, wie du dem Polizeichef in Santa Cruz seinen Liebhaber weggeschnappt hast und aus der Stadt gejagt wurdest. Nein – erzähl – erzähl von der Prügelei neulich.

AURORA Nie, geprügelt habe ich mich nie, na hör mal. Aber du hörst mir ja nicht zu, du hörst mir ja nicht zu.

CONCHA Dann erzähl davon, wie du ein Junge warst.

AURORA Dann brauch ich noch ne Fluppe.

Mundo steckt eine Zigarette durchs Mundloch. Aurora raucht sie.

CONCHA Mundo, hör zu. Für die Chronik. Schreibt er noch diese Chronik.

AURORA Der 12-jährige Junge, der ich war, rannte aus dem Hotelzimmer, wo der Mann, der in der Hotelgarage Autos reparierte, ihm gerade seinen Schwanz in den After gerammt hatte; der 12-jährige Junge, der ich war, lief die Treppe hinunter, durch das Foyer, die Straße hinab nach Hause, versteckte sich in seinem Zimmer, wischte sich das Blut vom Hintern mit den weißen Handtüchern, die seine Großmutter bestickt hatte, und die die Mutter fand am nächsten Tag unterm Bett, schlecht ausgewaschen, nicht getrocknet. *Enrique Enrique Enrique, so hieß mein Bruder, Enrique was hast du mit meinem Kleinen gemacht,*

Enrique war schon einmal im Gefängnis gewesen wegen einer Schlägerei, *Enrique Enrique Enrique*, Enrique zuckte die Schultern, aber zufällig hieß der Mann, der den 12-jährigen Jungen, der ich war, vergewaltigt hatte, auch Enrique, und die Schreie meiner Mutter quiekten die Straße entlang, so laut, daß ich dachte, der andere Enrique müßte es hören und denken, ich hätte ihn verraten, und dann würde er mir nie mehr 100 Cruzeiros geben für meinen Hintern, denn das hatte er, er hatte mir 100 Cruzeiros gegeben, und ich, ich dachte, jetzt wo mein Darm sowieso kaputt ist, jetzt, wo ich den Schmerz kenne, werde ich die Zähne zusammenbeißen und jedesmal wird er ein bißchen was drauflegen müssen, dieser Enrique, für mein Schweigen und für seine Lust, und wer weiß, für meine auch; aber mitten in diesen Überlegungen tauchte mein Onkel auf und sagte, *der Junge war im Hotel, der Junge war auf einem Zimmer mit dem Automechaniker,* und man holte den Auto-Enrique; er hatte eine weiße Hose und ein weißes Hemd an und sagte mit weißen Zähnen, *der Junge hat mich verführt, er strich tagelang um mich und mein Auto herum, und er wollte 150 Cruzeiros dafür, daß er mit mir schläft, stellen Sie sich vor, 150 Cruzeiros, das ist fast so viel wie meine Schwester auf dem Postamt verdient, ja, ich habe ihn auf mein Zimmer genommen, am Arm habe ich ihn hochgeschleift, das stimmt, um ihn zu verprügeln, und bevor ich mich umsehe, hat er mir 200 Cruzeiros aus der Schublade geklaut und rennt weg, und die möchte ich jetzt wiederhaben, und überhaupt, sehe ich etwa aus, als wäre ich schwul, das kostet nochmal extra wegen übler Nachrede.* Der 12-jährige Junge, der ich war, wurde auf seinem Zimmer eingeschlossen. *Pause.* Ich zog die Kleider meiner Schwester an und stieß die Fensterläden auf und zeigte mich den Leuten, die auf der Straße vorbeigingen. Meine Mutter sagte, *mit dir wird es enden wie mit Marlene Fernandes, die in einem Puff mit Orchester singt,* mein Vater nahm mich in den Arm und sagte, *kämpfe, mein Junge, kämpfe für das, was in dir steckt. Was es auch immer ist.* Danach hat meine Mutter nie mehr mit mir gesprochen, und ich fälschte meinen Ausweis; als ich 15 war, wurde ich volljährig und verließ unsere Stadt mit einer Truppe von Tänzern, und die wertvollsten Kastagnetten meiner Mutter, die rosafarbenen, ein Geschenk meines Vaters aus Kastilien, die nahm ich mit.

Lange Pause.

CONCHA Und so wurden wir Freundinnen. *Pause.* Jetzt gehts mir schon besser.
AURORA Die Geschichte hat dich aufgeheitert.
CONCHA Die Geschichte hat mich aufgeheitert.
AURORA Heißt das, wir fahren nicht auf den Friedhof.
CONCHA Laß uns ins Café gehen. – Warte. *Packt ihren Fotoapparat aus.* Alle mal zusammenrücken. – Ein Foto für jeden Tag. *Drückt ab.*

Beide ab. Pause. Concha kommt zurück, eine angerauchte Zigarette in der Hand. Steckt sie in das Mülltütenloch, Mundo qualmt.

CONCHA Ich kanns ihr nicht sagen. Ich kanns ihr nicht sagen. Sie ist meine Freundin, und ich kanns ihr nicht sagen. *Schweigen. Zuckt die Schultern.* Ich kanns ihr nicht sagen. *Schweigen.*
Sie hat eine Katzenallergie, das kommt noch dazu. Manchmal kriegt sie schon den Husten von den Haaren, die zufällig an mir herumhängen, so sorgfältig kann ich mich gar nicht abbürsten. Aurora haßt Katzen. Also was soll ich tun. *Pause.* Ich kanns ihr nicht sagen. *Ab.*

6.

Mundo. Mann mit Anzug, Koffer, Handy.

MANN MIT ANZUG, KOFFER, HANDY Ich heiße Hans. Also João. Das ist mein Koffer. Nicht mehr neu. Aber ein Koffer. In dem Koffer, zeig ich dir jetzt: ein Anzug, ein Handy. Was ich sonst noch besitze, hab ich an: die Hosen, das T-Shirt, die Sandalen. Und – Moment – Bargeld, 15 Reais 33 Centavos. Problem: ich suche eine Arbeit, und mein Vater wird beerdigt. Morgen. Fünfhundert Kilometer von hier. Komm ich nur mit dem Bus hin. Die Fahrt kostet ne Stange Geld, die ich nicht hab. Also. Ich muß das Handy verkaufen. Oder den Anzug. Oder den Koffer. *Pause.* Hab meine Nummer im Moment bei acht Geschäften, Büros, Fabriken am Laufen. Arbeitssuche, das is wie Jonglieren, eine Sache muß immer in der Luft sein. *Pause.* Handy geht auf keinen Fall. Kann mich ja keiner anrufen, wenn ich den Job kriege. Koffer. Koffer wär zu verschmerzen, wenn ich ihn nicht für den Anzug bräuchte. Wie sollte ich den Anzug sauber und sicher transportieren ohne Koffer. Andrerseits ohne Anzug bräuchte ich auch keinen Koffer. Ich könnte also den Anzug und den Koffer verkloppen. Krieg ich ohne Anzug Arbeit, so wie ich in den Klamotten hier aussehe. Ich bin Büroangestellter, Mann, wie sollen das gehen. Ich hab keine Krawatte, okay, da kann man drüber wegsehen. Da muß man drüber wegsehen. Ich hab kein Hemd. Das weiße T-Shirt is eigentlich ein Unterhemd, sieht man an den Rippen, klar is mir das peinlich, aber entweder ich kann mir sowas Marlon-Brando-Mäßiges einbilden mit meiner Figur, der lief ja immer im Unterhemd rum, oder ich knöpf den Anzug vorne bis oben zu. Ja, ich sollte vielleicht die Brusthaare rasieren. Aber womit. Womit. Ich nehm lieber eine Papierserviette, krieg ich in jedem Imbiß, und steck die vorne in den Ausschnitt, so wie früher die – wie hieß das, Hemdbrust oder so; die Papierservietten haben ein geriffeltes Muster, das sieht gar nicht schlecht aus und hat den Vorteil, kann man bei Bedarf ganz leicht wechseln. Eine Wegwerfhemdbrust. Für hier in die Brusttasche kann man die Papierservietten auch prima benutzen. Hab ich mal gesehen auf nem Foto inner Illustrierten, aber ich glaub, das wär jetz in meinem Fall übertrieben. Schuhe – fehlen ebenfalls, nur diese Zehensandalen, aber die Hosenbeine sind ziemlich lang, die zieh ich dann so nach unten, nach unten vorne, und beim Vorstellungsgespräch sitz ich aufm Stuhl und kreuz die Füße nach hinten, unter den Sitz, und dann sehen die das nich.

Pause. Linst auf Mundos Füße. Er hat Schuhe. Richtige Schuhe.

Der Anzug muß sein, ohne Anzug geht gar nix. Friseur – kann ich nicht bezahlen, die Matte schneid ich mir selber. Oder ein Kollege hilft aus. Wir haben alle denselben Haarschnitt, vorne so grad über die Stirn, an der Schläfe im 90°-Winkel hängen lassen, und in Kinnhöhe von rechts nach links hinten rum, also die Hauptsache beim Haareschneiden sind grade Linien, damit das nicht so durcheinander aussieht. Und wenn das mal nicht klappt mit dem Waschen, kannst du alles nach hinten kämmen, feuchter Kamm, das muß eins a sitzen, falls genügend Zeit zur Verfügung steht, verwende ich zusätzlich ein Tütchen Zucker, – am besten zusammen mit den Papierservietten aus dem Imbiß entleihen –, also ein Tütchen Zucker auf die Hand und mit genügend Spucke zu einer dünnflüssigen Masse rühren, die, frisch wie sie ist – Handflächen zusammenlegen und in beide verteilen –, gleichmäßig in die Haare gerieben wird. Sanft und mit Gefühl bitte. Nicht daß du nachher aussiehst wien toter Irokese. – Das in Kombination mit dem Anzug kommt eigentlich immer gut. *Er beugt sich vorsichtig hinunter und zieht eines von Mundos Schuhbändern auf.* Was Ausgefallenes kann ich mir nicht leisten. Einmal hatt ich son Gürtel mit Metallnieten, abwechselnd eine Niete ein Loch, metallgefaßt, das Loch. Schwarzes Leder, total chic, paßte super zum Anzug. Problem war nur, die Hose war zu weit und zu lang. Wenn ich den Gürtel umgegürtet hab, mußt ich den Bund oben drüber schlagen und die Hose warf rundrum Falten. Die Hose sah aus wie ein Faltenrock, ein Bundfaltenhosenrock. Hab ich mich geniert. *Beugt sich hinunter, zieht das andere Schuhband auf.* Dann hab ich den Gürtel verkauft, undn Kumpel vonner Änderungsschneiderei hat mir diese Abnäher in die Hose gemacht, damit sie sitzt, ich zeig das mal, so sieht die jetzt aus, Abnäher seitlich jeweils, und vorne und hinten jedes Bein. Jetzt rutscht die auch nicht mehr dauernd.

Ja, jetzt wart ich eigentlich nur noch auf nen Anruf, dann könnts losgehen mit dem Vorstellen.

Wartet. Setzt sich in die Hocke neben Mundo.

Ich glaub, ich verkauf den Koffer. Ich mach das so, ich such mir ne saubere Tüte, und eine alte Zeitung. Die Zeitungsseiten reib ich vorsichtig aneinander, damit sie weich werden wie Seidenpapier. Und damit die gröbste Drukkerschwärze abgeht, sonst gibt das nachher Flecken auf dem Anzug. Ich falte ihn, ganz akkurat, pack ihn in das Zeitungspapier, vielleicht find ich noch eine Pappe, die könnte ich dazwischen schieben zum Stabilisieren – und dann muß ich nur gut aufpassen auf die Tüte. Am besten, ich setz mich drauf, dann bleibt der Anzug glatt.

So mach ichs.

Öffnet den Koffer.
Du brauchst nicht zufällig nen Koffer oder.
Braucht jemand nen Koffer.
Tausche Koffer gegen Fahrkarte. Koffer gegen Fahrkarte.
Gibt Mundo einen Schlag, daß er nach hinten kippt, bückt sich blitzschnell, zieht ihm die Schuhe ab, wirft sie in den Koffer, läuft mit der Beute weg.

7.

ORANGEN II

Szene wie Orangen I.

FRAU MIRADOR Du hast es dir nicht ausgesucht.
Du wurdest nicht gefragt.
Ich auch nicht.
Polizist zu sein.
Mit einem solchen Sohn.
Ein ehrlicher und einer mit schmutzigen Händen.
Er aß so gern Orangen.
Er aß sie mit der Schale.
Nein, er biß in sie hinein,
er biß in die Schale hinein.
Er nahm ein ganzes Kilo,
bürstete die Früchte ab unter heißem Wasser,
eine nach der anderen,
biß in sie hinein und biß ein Stück samt der Schale heraus
und lutschte das Innere mit Zähnen Zunge und Lippen,
und am Ende gelang es ihm noch,
das weiße Häutchen von der Schale zu lösen,
vorsichtig mit Zähnen Zunge und Lippen,
um möglichst wenig zu zerreißen,
zog er das weiße Fruchthäutchen von der Schale ab,
kaute es lange und gründlich.
Es war ein Genuß, ihm zuzusehen.
Meinem Sohn beim Orangenessen zuzusehen
war die reine Lebenslust
für mich.
Mein Sohn als Orangenesser,
als Orangenverschlinger,

als Orangenlustgenießer
war ganz er selber.
Ich vergaß alles andere
um ihn herum,
wenn ich ihm beim Orangenessen zusah.
Pause.
Das Fruchthäutchen liebte er am meisten,
das weiße.
Pause.
Die Kerne spuckte er auf den Boden,
die Schale ließ er fallen.
Überall. Egal, wo.
In der Küche, im Wohnzimmer, vor der Badewanne,
wo er gerade stand,
er ließ einfach die Schalen fallen,
er spuckte einfach die Kerne aus.
Das ganze Haus roch nach Orangen,
wenn er nach Hause kam und zu Abend aß,
denn das Abendessen bestand nur aus Orangen.
Orangen aß er immer abends.
Immer abends.
Nie morgens. Oder mittags.
Immer abends.
Du hast die Orangen später
zu jeder Tages – und Nachtzeit gegessen.
Immer. Egal, wann.
Deshalb liegst du jetzt auch im Sterben.
Du hast nichts anderes mehr gegessen
außer Orangen.
Weil du sein wolltest
wie mein Sohn.
Pause.
Auch wenn er abends wegging,

aß er vorher Orangen.
Er ging so gut wie jeden Abend weg.
Jeden Abend aß er vorher seine Orangen.
Auch du warst nachts nicht zuhause.
Immer öfter Nachtdienst.
Immer öfter.
Ich habe kein Auge zugetan.
Ich habe gewartet,
auf ihn,
auf dich auch.
Auf dem Flur bin ich ausgerutscht
auf den Scheißorangen,
den Scheißorangenschalen,
dem hingespuckten, halbzerkauten Dreck.
Auf seinem Dreck bin ich ausgerutscht,
immer wieder.
Ich ließ es liegen,
ich wollte, daß er es selber aufwischt,
endlich einmal,
endlich einmal,
daß er sie selber aufwischt,
die Schweinerei,
auf die Knie zwingen wollte ich ihn,
daß er ihn aufleckt, den Scheißorangendreck,
die gärende Fruchtfleischsoße, schlagen wollte ich ihn,
daß er nicht immer alles ausspuckt und
fallen läßt und ihm gleichgültig ist wer
mit ihm wohnt und irgendeiner wird
meinen Dreck schon aus der Welt räumen –
Irgendeiner wird mir die Scheiße schon
vom Arsch wischen, wenn ich es nur lange genug nicht
selber mache, wenn ich nur lange genug vor mich hin stinke –

Er schlurfte mit den nackten Füßen durch den Orangen-
brei,
wenn er dann im Morgengrauen
nach Hause kam.
Und denkst du, ich rieche es nicht –
Denkst du, ich rieche es nicht –
Denkst du, ich rieche nur deine Orangenhaut –
Denkst du, ich weiß nicht, was du tust –
Die Fußsohlen klebrig –
Das Bettzeug gelb –
Er roch süß, süßlich –
Pause.
Er roch immer nach Orangen –

8.

HERR MIRADOR *Er kam nicht wieder auf den Platz zurück,
natürlich nicht. Er machte seine Geschäfte woanders, und
ich wußte, daß er sie woanders machte. Ich konnte es riechen. Ich sah es an seinen Gesten, den Händen, die er
manchmal hastig an den Hosennähten abwischte, den
Fingernägeln, die er unter fließendem Wasser bürstete, als
könnte er den Geruch, die Spuren, das Wissen um seine
Geschäfte in den Abfluß spülen. Ich sah es an den Haaren,
die er jeden Morgen nass kämmte, ich sah es an dem Gürtel, den er zurechtrückte, den Schuhen, die er trug, ich sah
es an seiner Mütze, die er aus der Stirn schob, nur, wenn er
sich unbeobachtet glaubte. Ich erkannte alle die Augen-
blicke wieder, wie ich sie hundertmal und hundertmal in
der Dämmerung, in der Nacht der Praça Roosevelt beobachtet hatte, wenn sie beieinander stehen, scheinbar mü-
ßig, zwischendurch sich balgend wie Katzen in der Sonne,
in Wirklichkeit aber immer lauernd, beinahe elektrisiert,
bevor sie dann endlich ihre Ware wegpacken, unter die
Steine des Gehweges, und auf ihre Bäume klettern zum
Schlafen. Meine Kollegen bekamen ihren Anteil und
schliefen auch, ich bekam keinen Anteil und schlief nicht
tags und nicht nachts. Fast wäre mir lieber gewesen, mein
Sohn wäre einer der Kunden gewesen, nicht einer der
Händler, ja, ich wünschte mir, er wäre ein Kunde, dann
hätte es noch Hoffnung gegeben. Ich wußte, er suchte eine
Arbeit, eine richtige Arbeit, mit einem festen Gehalt. Er
hatte sich in der Fabrik am Platz beworben und keine
Stelle bekommen.* Pause. *Was sollte mit ihm geschehen.
Manchmal war er jetzt tagelang, nächtelang verschwun-
den. Ich begann nach ihm zu suchen, nachts, alleine.*

9.

*Nachts. Concha schleicht auf den Platz mit einem großen
Karton. Darin ist Leben. Sie probiert verschiedene Stellen
aus, an denen sie den Karton zurücklassen könnte. Sie sagt
zu Mundo vorsichtshalber, »du hast nichts gesehen, du hast
nichts gesehen, dich kümmert das alles nicht.« Läßt den
Karton schließlich unter einem Baum stehen und geht fort.
Kommt nach einer Weile zurück, doch wieder unschlüssig,
nimmt den Karton und marschiert davon.*

10.

*Kneipe. Leer, bis auf Vito und Bingo, an zwei weit ausein-
anderliegenden Tischen. Jeder ein Getränk vor sich. Vito
sieht sich gründlich um. Schweigen. Fernseher läuft mit Fuß-
ballspiel.*

VITO Ich verstehe nichts von Fußball. Gar nichts. Sozusagen
radikal nichts. Ich bin wahrscheinlich der einzige hier, der
nichts von Fußball versteht.

Schweigen.

BINGO Wenn Sie Hilfe brauchen, sagen Sies.
VITO Ich brauche nur ein bißchen frische Luft. Das ist alles.
Ein bißchen Abwechslung. Eine andere Tapete. Einen
neuen Blickwinkel. Und was suchen Sie.
BINGO Ich hasse frische Luft. Die Sonne scheint. Das Sta-
dion ist voll. Die Familien nehmen ihre Kinder mit. Der
Lärm ist groß. *Pause.* Und das an meinem freien Tag, das
ertrage ich nicht.
VITO Was arbeiten Sie denn.
BINGO Das wird Sie noch weniger interessieren als Fußball.
VITO Probieren Sies aus. Ich wechsle grade alle Hemden.
BINGO Ich muß meine Stimme schonen.

Schweigen.

BINGO Tor.

Pause.

VITO Für wen.

144

BINGO Für die anderen.

Schweigen. Bingo formt lautlos Worte.

BINGO *laut, langsam* Eins Null Dreiundzwanzig Neunzehn.

Vito schaut besorgt. Pause.

VITO Sehen Sie, das ist merkwürdig. Seit acht Jahren habe ich mein Büro im Haus nebenan. Aber ich war noch nicht ein einziges Mal hier drin. Nicht ein einziges Mal.
BINGO Warum.
VITO Ja. Warum. *Schweigen.* Ich habe alles immer gemacht wie mein Vater. Das Geschäft, das Büro habe ich von meinem Vater übernommen, und mein Vater ist nie hier rein gekommen. Deshalb vielleicht.
BINGO Dafür sind Sie zu alt. Um alles zu machen wie Ihr Vater. Sehen Sie sich an. Sind Sie nicht selber Vater.
VITO *lacht* Nein; bin ich nicht. Ich bin nur Sohn. Leider. *Pause.* Mein Vater ist tot seit zwei Jahren.
BINGO *leise* Acht. Zwei.
VITO Ja. *Pause.* Mein Büro ist ungefähr so groß wie dieser Raum hier, und es gibt nur zwei Schreibtische drin. Seinen und meinen. Sie stehen sich gegenüber, etwa in der Entfernung wie Sie und ich. *Pause.* Wir besprachen alles miteinander; ich habe keinen Schraubenzieher bestellt, ohne meinen Vater zu fragen. Seit zwei Jahren sitze ich alleine in dem Büro, seit zwei Jahren sind da ein leerer Stuhl und ein leerer Tisch. Und mit denen spreche ich, als ob mein Vater anwesend wäre.

Schweigen.

VITO Das heißt also, ich rede mit mir selber. Ich stelle mir vor, daß ich mit meinem Vater rede, aber in Wirklichkeit rede ich mit mir selber.

BINGO Was stellen Sie denn her.

Schweigen.

VITO *räuspert sich* Waffen.

BINGO Waffeln. Was für Waffeln. Sie meinen Waffeleisen.

VITO Nee. Trommeln. Trommeln.

BINGO Trommeln und Waffeleisen. Komische Kombination. Ich hab mal Schlagzeug gespielt.

VITO Trommeln. Revolvertrommeln für Waffen.

BINGO Oh. Ach so.

VITO Ja, sehen Sie. Schon ist das Gespräch beendet. Schon kennen Sie mich nicht mehr.

BINGO Nein, ich –

VITO Egal. Es ist mir sowas von egal. Wenn Sie wüßten, wie normal das ist, wenn Sie wüßten, wie oft mir das passiert. Jeder will Sicherheit, jeder will Schutz, jeder will, daß die Polizei Waffen trägt, jeder will sich notfalls selber verteidigen dürfen, mit einem kleinen Revolver, mit einer kleinen Pistole für die Damenhandtasche, nicht wahr – und was denken Sie eigentlich, wo diese Spielzeuge herkommen, daß sie vom Himmel fallen, wo der gute Gott der Stadt sie abwirft?

BINGO Nein, ich –

VITO Ja schon gut. Sie brauchen nicht mit mir zu sprechen. Ich spreche mit niemandem mehr. Meiner Sekretärin gebe ich Anweisungen, dann gehe ich in mein Büro, ich sehe über dem leeren Stuhl hinter dem leeren Schreibtisch das leere Gesicht meines Vaters, und rede mit mir selber.

BINGO Sehen Sie, ich spreche den ganzen Tag, deswegen –

146

VITO Schonen Sie Ihre Stimme. Klar. *Pause*. Das wäre überhaupt das Beste. Wir schonen unsere Stimmen. Wir hören auf zu sprechen. *Pause*. Wie meine Mutter. *Lacht*. Wenn ich nach Hause komme, rede ich mit meiner Mutter. Jeden Abend. Jeden Abend. Jeden Morgen. Aber sie antwortet nicht. Sie spricht nicht mehr. Eine Ader geplatzt hier oben und aus. *Pause*. Sie macht überhaupt gar nichts mehr. Ich habe das Haus für sie umbauen lassen, damit die Schwestern sie im Rollstuhl überall hinfahren können. Vier Schwestern machen Schicht. Sie bewegt sich nicht, sie rührt kein Glied, die Nahrung wird ihr eingeflößt. Schlucken, das ist das einzige, was sie tut. Schlucken, schlafen, scheißen.
Schweigen.
Sie ist das einzige Wesen, mit dem ich spreche. Sie ist eine Pflanze. Ich spreche mit einer Pflanze. *Pause*. Ich vermute, sie hat Empfindungen, welche, weiß ich nicht. Ich beobachte die Pflanze, ich füttere sie, ich sehe ihr in die Augen, ich wasche sie, ich streichle sie, ich kämme sie, ich rieche an ihr. *Pause*. Ich rücke sie in die Sonne, ich lasse Licht auf ihr Gesicht und ihre Hände fallen. *Pause*. Ich weiß es nicht. *Schweigen*. Das ist mein Leben. Ich produziere Waffen und liebe eine Pflanze.
BINGO Geht es Ihnen auch manchmal so, daß Sie denken, dieses Ihr Leben hier ist nicht Ihr richtiges Leben.
VITO Wie meinen Sie das.
BINGO Na so, als ob das Leben, das für Sie bestimmt war, woanders stattfindet. Es existiert. Es existiert an einem anderen Ort. Aber Sie haben irgendwann eine Abzweigung verpaßt. *Pause*. Ein einziges Mal eine falsche Entscheidung. Und jetzt findet Ihr richtiges Leben ohne Sie statt.
VITO Daran hab ich noch nie gedacht.

BINGO In einer Parallelwelt.

VITO Und wie kriegen Sie beides wieder zusammen. Wie kriegen Sie Ihr richtiges Leben zurück.

BINGO Ich weiß es nicht. Aber hin und wieder bezweifle ich, daß mein Leben so gemeint gewesen sein kann, daß ich den ganzen Tag Zahlen vorlesen muß. Das ist es nämlich, was ich mache, beruflich. Deshalb rede ich nicht gern. Ich muß meine Stimme schonen. Und ich übe auch. Zwischendurch. Die Zahlen sollen diskret, unaufdringlich, trotzdem deutlich und in angemessener Lautstärke vorgetragen werden. Ich machs mal kurz vor. *Geht vor zur Rampe, spricht wie in der Bingohalle eine Reihe Zahlen.* Wenn ich heiser werde, gurgle ich morgens und abends mit dem Aufguß von Pitanga-Blättern, zwanzig Minuten ziehen lassen. Das ist mein Leben. Na schön, ich hungere nicht, und ich stelle keine Waffen her. Und das wars dann.

Schweigen.

BINGO Sie sind das vielleicht nicht mehr gewohnt, aber das war jetzt eine Frage. An Sie gerichtet. Das wars dann.

VITO Ich heiße Vito. Und ich freue mich sehr, daß ich Ihnen begegnet bin.

BINGO Bingo.

VITO Und wie heißen Sie.

BINGO Bingo. – Meine Freunde nennen mich Bingo. *Pause.* Na gut, Sie waren ehrlich zu mir, ich bin ehrlich zu Ihnen. Ich habe eigentlich keine Freunde. Aber ich stelle mir manchmal vor, ich hätte welche, und die Freunde, die ich hätte, würden mich Bingo nennen. *Pause.* Jetzt können Sie sich ja denken, wo ich arbeite. Das heißt – damit ist es bald vorbei. Die Bingohallen werden geschlossen. Das

148

Spielen verboten. *Pause.* Bleibt der Fußball. *Pause.* Ich übe nur noch aus Gewohnheit. Weil sich mir bisher keine andere Beschäftigung eröffnet hat. Aber das ist nur vorübergehend. Da bin ich ganz zuversichtlich.

VITO Ich kann mich an eine Zeit erinnern, wo ich vieles für möglich gehalten habe. Aber dann. Es wird uns allen früh beigebracht, wie man das Nagelbrett akzeptiert, das dir das Leben hinstellt. Wir legen uns darauf und haben gelernt, nicht zu schreien vor Schmerzen. Eine ganze Stadt voller Fakire. Aber es wird uns erst besser gehen, wenn wir unsere Wunden zeigen.

BINGO *überlegt* Hab ich auch mal probiert, Yoga zur Entspannung, mir hat das nicht viel gebracht. Aber ich bin nicht dauernd unzufrieden.

VITO Genau das meine ich.

BINGO Manchmal finde ich meinen Beruf sogar schön. Fand. Immerhin brachte ich den Leuten Glück. Sehen Sie, das Gute ist, egal, was für Zahlen ich nenne, es gibt immer jemanden, der gewonnen hat. *Pause.* Nachrichtensprecherin, Nachrichtensprecherin könnte ich nicht sein. Aber Bingosprecherin, das ist was anderes. Bingosprecherin ist fast so wie Lottofee. *Pause.* War – war fast so wie Lottofee.

Schweigen.

VITO Das ist dumm. *Pause.* Das ist ganz, ganz dumm. *Pause.* So ein saudummer Zufall.

BINGO Was denn.

VITO Ja, ich entlasse gerade meine Arbeiter. Es sind schon 28. Und es werden immer mehr. Am Ende werde ich das Werk schließen.

BINGO Tor. *Pause.* Eigentor. Eins eins vierundvierzigste Minute, Nummer elf. *Pause.* Sie tun mir nicht leid.

Pause. Vito lacht.

BINGO Und warum. Sind Sie pleite.

Pause.

VITO Ich war glücklich mit meinem Leben. Ich war glücklich. Das glaubte ich jedenfalls. Ich kannte es nicht anders. *Pause.* Aber sehen Sie, wenn ich an meine Zukunft denke, die sich gleichbleibt, und ich bleibe mir auch gleich, das ist kaum auszuhalten.
BINGO Das verstehe ich.
VITO Kann ich Ihnen was erzählen. Kann ich Ihnen was erzählen, was ich noch niemandem erzählt hab.
BINGO Ja. Sicher.
VITO Irgendetwas hat sich verändert. Seit ich da alleine in diesem Büro saß. Alleine mit mir selber. Niemand trieb mich zur Eile an. Die Dossiers auf meinem Schreibtisch wuchsen zu schiefen Stapeln, und ich hatte keine Lust mehr, sie auch nur in die Hand zu nehmen. Wenn eine Sache sehr dringend wäre, würde meine Sekretärin sie erledigen. Ich konnte ganz viel Zeit vergehen lassen, ohne etwas zu tun. Und es machte keinen Unterschied. Überhaupt keinen Unterschied. *Pause.* Ganze Nachmittage verbrachte ich am Fenster, und schaute auf den Platz hinunter, auf die Kirche, die Polizeiwache. *Pause.* Und dann, eines abends, die Sonne geht gerade unter, die Blätter der Bäume brennen, kommt ein Polizist aus der Wache und geht auf einen Jungen zu, der unter den Platanen steht. Der Junge hält etwas in der Hand und reicht es in den Baum hinauf, na ja, ein kleiner Dealer, er gibt seinen Verdienst ab, vielleicht auch ein übriges Päckchen, ich kann es nicht erkennen. Er sieht den Bullen, erschrickt und

läuft weg. Der Mann hinterher. Ich wundere mich, es gibt diese stille Übereinkunft, wir lassen euch in Ruhe und ihr uns, aber dieser Bulle sprintet dem Jungen hinterher, mit einem verzweifelten Gesicht, er ruft nach ihm, der Junge rennt davon, die Hand des Mannes greift nach dem Revolver, er hat ihn schon gezogen, da besinnt er sich und bleibt stehen. Er ruft dem Jungen etwas nach, der sieht sich nicht um, ist verschwunden.

BINGO Ich kenne den Polizisten. Herr Mirador. Herr Mirador geht immer allein auf Streife. Manchmal steht er in der Tür der Bingohalle und sieht eine Runde zu. Und manchmal schenke ich ihm ein Los. Eins der billigen. Herr Mirador gewinnt nie etwas.

VITO Ich dachte an die Alarmanlage, die mein Haus sichern muß, ich dachte daran, wie oft ich selber bedroht worden war; als ich klein war, kamen Einbrecher durch die Garage, sie schnitten dem Hund die Kehle durch, sie fesselten meine Eltern, nahmen ein Feuerzeug und versengten meinem Vater die Augenbrauen. *Pause.* Alle diese Erinnerungen schreckten mich nicht mehr. Ich fand sie nur sinnlos. Ich fand mein Leben sinnlos. Ich begann, während der Bürozeit in den Geschichtsbüchern zu lesen, die ich aus der Schule behalten hatte. Und ich dachte, im Grunde ist die Geschichte eines Landes die Geschichte seiner Waffen. Nicht die Geschichte der Kriege, nur der Waffen. Wo läßt es sie von wem und zu welchem Zweck produzieren, was stellt sie mit ihnen an. Und du weißt ziemlich genau, mit wem du es zu tun hast.
Schweigen.
Und dann habe ich angefangen, meine Arbeiter zu entlassen.

BINGO Und was haben Sie nun davon.

Schweigen.

VITO Ich fühle mich befreit.

HERR MIRADOR *Das war der Moment, in dem ich die Kneipe betrat. Wieder einmal weg von der Wache. Wieder einmal auf der Suche. Ich hatte vor, ein paar Bier zu trinken, aber in Wirklichkeit wollte ich die Leute beobachten, ich wollte eine Spur finden, eine Spur, die mich zu meinem Jungen bringen würde, zu den Leuten, mit denen er in den Nächten Geschäfte machte.*

VITO *sieht ein paar Mal irritiert zu Herrn Mirador, erkennt ihn nicht gleich. Bingo grüßt ihn, stumm nickend.* Sehen Sie, sehen Sie. *Er nimmt einen Katalog aus seiner Tasche, blättert ihn auf, nötigt Bingo, hinzusehen.* 38er Kaliber, alle Typen, die Palette für Polizei, Sicherheitspersonal, Wachleute. Hier hab ich nur eine Filiale, hier stelle ich nur die Trommeln her. Die Zentrale ist in Paraguay. Von drüben mache ich das große Geschäft. Oder besser, hab ich es gemacht. Verstehen Sie jetzt –.

BINGO Ja, verstehe ich gut.

VITO *sieht wieder zu Herrn Mirador* Das ist er doch. Das ist er. Den hab ich gesehen. Hat auf einen minderjährigen Jungen gezielt, einen jungen Jungen, das ist er –

BINGO Regen Sie sich nicht auf. Bitte. Er wird schon wissen, warum.

VITO Das ist mir egal. Vollkommen egal. Er ist mir doch vollkommen egal. Ob er ein Dealer oder ein Polizist ist, vollkommen egal. Er trug *meine* Waffe, *ich* hatte sie hergestellt. *Meine* Arbeiter. Er hätte den Jungen töten können, und es wäre *mein* Mord gewesen. *Pause.* Jahrelang bin ich an dieser Polizeistation vorbeigegangen, jeden Tag sehe ich irgendwo eine Streife, jedesmal, wenn ich die Grenze überquere, gehe ich an den Waffen vorüber, die

152

ich selber produziere. Aber für wen, das ist scheißegal, Jacke wie Hose, vollkommen furz, Deibel sein Kaffee, wo gibt es denn eine gute Waffe, Waffe ist Waffe. Es macht keinen Unterschied. Ich wußte das, natürlich, aber ich hab es nie verstanden. *Pause.* Bis zu jenem Tag.

Er steht auf und geht zu Herrn Mirador hinüber, streckt ihm die Hand entgegen.

VITO Guten Abend. Gestatten Sie, daß ich mich bei Ihnen entschuldige. Ich entschuldige mich, daß ich Ihre Waffe hergestellt habe. Verzeihen Sie mir, bitte.

Er wartet Herrn Miradors Reaktion nicht ab, geht zu Bingo zurück.

HERR MIRADOR *Da begriff ich, daß es keinen Sinn mehr hatte, ihn um eine Arbeit zu bitten, eine Arbeit für meinen Sohn. Es war vorbei. Ich betrachtete meine Hände, und das Foto von meinem Jungen, das ich darin hielt. Ich betrachtete das Glas Bier vor mir, die Plastikverkleidung an der Wand, den Leuchter, an dem eine Glühbirne kaputt war, ich betrachtete den Revolvermann und seine Freundin, wie sie ihre Münder bewegten. Und ich hörte sie nicht. Ich war vollkommen allein. Und ohne Mut.*
BINGO Paraguay. Ach so.
HERR MIRADOR *Und während sie reden, kommt eine Frau herein, eine magere, braune Frau mit vier, fünf Tüten voller Plastik und Pappe und Zeitungen. Sie setzt sich an den Tisch zwischen uns, stellt die Tüten ab. Eine Frau mit Falten im Gesicht, dünnen Schultern, mit einer gelben gehäkelten Jacke, und Haaren in einem lockeren Knoten. Sie taucht ihre Arme bis zum Ellbogen in eine der Tüten und*

fisch einen Taschenspiegel heraus, den sie vors Gesicht hält, ihn in den Händen bergend, ein kostbares Gut er selber und ein kostbares Gut, was er zeigt. Die Frau betrachtet ihre Zähne, die Lippen weit zurückgezogen, die Zahnreihen aufeinander gepreßt. Die Augen wandern in dem ungenügend kleinen Rund des Taschenspiegels von rechts nach links, von oben nach unten; die Hände bewegen den Spiegel, um jeden Zahn ins Bild zu bekommen; die Lippen bemühen sich, so viele Zähne, so viel Zahnfleisch wie möglich entblößt zu halten. Die Zähne sind groß und kräftig in dem schmalen Gesicht, ohne Lücken, kein Zahn gebrochen, keine Ruinen, keine braunen Flecken. Die Frau sieht auf und unsere Augen treffen sich. Ich erinnere mich daran, daß ich Polizist bin, ich erinnere mich daran, warum ich hier bin. Ich gehe an ihren Tisch und zeige ihr das Foto und frage sie nach dem Jungen. Haben Sie ihn gesehen. *Und sie nickt, sie nickt, die auseinandergezerrten Lippen werden zu lächelnden, sie nickt, sie nickt.* Wo, *frage ich,* wo. *Sie lächelt, froh, zustimmend, und nimmt wieder ihren Spiegel und betrachtet ihre Zähne, glücklich.*

Schweigen.

BINGO Paraguay. Ach so.

VITO Ja, genau. Das kommt nämlich noch dazu. Unter Paraguay hab ich gelitten wie ein Schwein. Paraguay ist kein Ort, wo irgendein Mensch leben möchte. Niemand will freiwillig in Paraguay leben. In Paraguay leben nur Hunde. Und Dienstmädchen. Paraguay ist das trostloseste Land auf dem ganzen Kontinent. Paraguay hat nicht mal eine Hauptstadt, oder vielmehr es hat eine Hauptstadt, aber niemand kann sich an ihren Namen erinnern. Keiner weiß, wie die Hauptstadt von Paraguay heißt. Fragen Sie

154

mal jemand auf der Straße. Ich frage Sie jetzt, wie heißt die Hauptstadt von Paraguay.

Lange Pause.

BINGO Asuncion.

VITO Ja, genau. Asuncion. Das kann mal passieren. So ein Treffer, einer aus tausend, das kann mal passieren. Das wissen Sie besser als ich. *Pause.*
Das ändert nichts daran, daß Paraguay ein Drecksloch ist, ob mit oder ohne Hauptstadt. In Paraguay leben nur Hunde und Verbrecher. Und ein paar Dienstmädchen. Paraguay ist nur dazu geschaffen worden, um dort Waffen herzustellen, nur, um Waffen herzustellen, Paraguay ist die Gebärmutter der Kriegsausrüstung. Aber damit ist Schluß jetzt.
Fragen Sie mal jemanden in Europa, der auswandern will, der abhauen will, wo will der hin, in jedem Film, in jedem Scheißfilm, wohin flüchten die Leute, wohin bringen sie ihre Kohle in Sicherheit –. Nach Rio, genau. Niemand geht nach Paraguay, um dort ein schönes Leben zu haben.

BINGO Is ja gut.

VITO Jetzt wissen Sies.

BINGO Ja.

VITO Deswegen können Leute wie ich dort in Ruhe Waffen produzieren.

BINGO Is ja gut. Jetzt weiß ichs.

VITO Wenn mich jemand fragt, wo ich lebe, sage ich nie Paraguay. Ich sage Buenos Aires; oder Santiago, ist auch gut; oder Rio, klar, Rio ist immer super. – Kuba geht auch, kommt drauf an, mit wem man redet; manchmal bringt die Erwähnung Havannas einen Vorteil beim Gesprächspartner; aber Paraguay, Paraguay wirft dich in jeder Konversation um Längen zurück.

BINGO Na und. Sagen Sie Bingohalle. So groß ist der Unterschied nicht.

Auftritt Concha mit Katzenfutter.

CONCHA Herr Vito, was machen Sie denn hier.

VITO Atmen. Und Sie.

CONCHA Saufen.

VITO Darf ich vorstellen. Das ist Bingo. Concha, meine Sekretärin.

BINGO Ich kenne Sie vom Sehen. Sonntag vormittag. Eine Stunde. So zwischen elf und eins.

CONCHA Ja, Sonntagvormittag wird bei mir dem Glück auf die Sprünge geholfen. Nie länger als eine Stunde, ob gewonnen, ob verloren, da bin ich eisern. Manchmal verdiene ich mir mein Katzenfutter. Mögen Sie Katzen –

BINGO Nicht besonders. Aber setzen Sie sich doch.

CONCHA Woher. Will nicht stören.

Sie wird von den beiden an den Tisch genötigt.

BINGO Ihr Chef ist sehr nett.

CONCHA Ha. Wie lange kennen Sie ihn denn.

BINGO Etwas mehr als eine Halbzeit. Ich zähle die Tore.

HERR MIRADOR *Um zu beweisen, daß Bingo nicht Unrecht hatte, bestellte der Revolvermann eine Flasche Wein und für Concha eine halbe Flasche Martini. Und sie saßen und redeten und tranken. Dann kam ein Mann in das Lokal, der Mann hatte die Elefantenkrankheit. Er war schlank, mit einem feingliedrigen Körper, aber im Gesicht hatte er die Elefantenkrankheit. Er kam an meinen Tisch und bat sehr höflich, ob er mein Bier austrinken dürfe. Und ich sagte ja. Er stürzte es durstig hinunter.* Einen Moment, sagte ich, einen Moment, *und hob die Hand mit dem Bild meines Sohnes. Er sah mich traurig an und schüttelte den*

Kopf, die Backen wackelten hin und her. Er fragte, ob er den Wein probieren dürfe, und sie sagten ja, und er leerte eine Neige nach der anderen. Erst nahm er das Glas, schwenkte es fachmännisch, ließ den Rest, der am Boden war, in den Mund rinnen und bewegte ihn sicherlich dort umher, was man aber in seinem Elefantenkrankheitsgesicht nicht sehen konnte, und dann schluckte er und sagte, oh was für ein Jahrgang, was für eine Traube, *und ging zur Tür. Wir sahen ihm nach, er kam zurück, um auch den letzten Tropfen Martini aus dem Glas von Concha zu trinken, und alle taten die ganze Zeit so, als fänden wir das völlig normal. Ein Mensch, den du nie zuvor gesehen hast, mit Elefantenkrankheit, kommt an deinen Tisch und trinkt deinen Wein, den von dir übriggelassenen, mit deinem Speichel drin und deinem Lippenstift am Rand, er spült ihn im Mund hin und her und sagt dir, ob er etwas taugt oder nicht, er beobachtet dich dabei, er läßt dich nicht aus seinen flinken blauen Augen, und dann geht er fort, sein Körper bewegt den schweren Kopf die Straße hinunter, um sich irgendwo schlafen zu legen, mit seiner Tüte voller Aludosen und an den Füßen ein Paar zerrissener Turnschuhe, und danach erst flüstert Concha, aber er hatte die Hände eines Pianisten ... .*

CONCHA *packt ihren Fotoapparat aus* Jetzt bitte einmal lächeln. Und in die Mitte zusammenrücken. – Ein Foto für jeden Tag. *Drückt ab.*

BINGO Wir haben das Ende verpaßt. Zwei Tore in der zweiten Halbzeit, 81. und 89. Minute. – Mir ist so komisch, ich glaube, ich muß mal – ich glaube, ich gehe lieber zur –

Steht auf, geht ein paar Schritte, fällt in Ohnmacht. Vito und Concha legen sie auf zusammengestellte Stühle, Herr Mirador ist wachsam. Bingo wacht auf.

VITO Liebe Bingo – was war denn los – Sie haben doch kaum was getrunken –

BINGO Es tut mir leid, es ist so ein komischer Geruch. Ein Geruch nach – ich weiß nicht, nach –

CONCHA Nach Müll –

BINGO Ja, ich glaube, nach Müll –

CONCHA Das tut mir sehr leid, das kommt von –

VITO Schon gut Concha, gehen Sie doch nach Hause.

CONCHA *betäubt* Ja, klar. Ich gehe, ich gehe. Ich verschwinde. Wünsche noch einen schönen Abend. *Ab.*

Vito trägt Bingo auf den Armen nach Hause.

HERR MIRADOR *Und am Ende dieser Nacht, am Ende dieser Nacht betritt Susana das Lokal. Sie hat dich von draußen gesehen, sie ist auf dem Heimweg, sie hat den letzten Kunden bedient, sie will dir einen Gutenachtkuss geben. Susana ist der schönste aller schönen Transvestiten, Susanas Körper ist vollkommener als ein Maler ihn malen könnte, vollkommener vor allem, als die Natur ihn schaffen könnte; keine Frau wird jemals diese glatten Muskeln besitzen, dieses ebenmäßige Fleisch, diese schimmernden dichten Haare, diesen kompletten Arsch, diese vollen Brüste. Männer haben mit Susana geschlafen, ohne zu merken, daß sie es mit einem Mann taten; Susana ist groß und stolz und lacht sie mit einer dunklen Stimme aus, einer Stimme wie Schokolade. Susana hat sich als junge Frau ein Silikonkissen einsetzen lassen am Oberschenkel, Susana war ohne Geduld und übermütig und sprang von ihrer Bettruhe auf, zu früh, und das Kissen rutschte in quälenden, unaufhaltsamen Tagen langsam das Bein hinunter, am Knie vorbei, bis zu ihrem Knöchel, wo es sich festgesetzt hat und Susana einen Klumpfuß beschert. Susana zeigt dir den atemberaubendsten Striptease, sie wird goldene Bänder und Glöckchen um die Fußknöchel tragen oder ihre Stiefeletten nicht auszuziehen, Susana ist die Schönste der Schönen und voller Scham, und wenn du zu lange auf ihre Knöchel siehst, wird sie dich weinen lassen ...* Susana brauchte ich das Foto nicht zu zeigen, ich fragte sie nur, ich fragte sie, ob sie meinen Sohn in dieser Nacht gesehen hätte, sie streckte die Hand aus, fast hätte sie mir die Wange gestreichelt, schon lange nicht mehr. *Wir gingen zusammen auf die Straße hinaus, ich brachte sie ein Stück, an der Ecke stand der Mann mit der Elefantenkrankheit. Ich stellte mir vor, sie würden zueinander finden in dieser Nacht, der Mann mit dem schlimmem Gesicht und den feinen Händen, die Frau mit dem feinen Körper und dem Klumpfuß. Und ich, ich wartete, ich wartete darauf, daß andere Gestalten der Nacht kämen, die ich nach meinem Sohn fragen könnte ... .*

11.

Nachts. Concha schleicht auf den Platz mit einem großen Karton. Darin ist Leben. Sie probiert verschiedene Stellen aus, an denen sie den Karton zurücklassen könnte. Sie sagt zu Mundo vorsichtshalber, »du hast nichts gesehen, du hast nichts gesehen, dich kümmert das alles nicht.« Läßt den Karton schließlich unter einem Baum stehen und geht fort. Kommt nach einer Weile zurück, doch wieder unschlüssig, nimmt den Karton und marschiert davon. Kommt nach einer Weile zurück, bringt den Karton mit, stellt ihn aufs Neue unter den Baum.

STIMME VON AURORA Concha – Concha –

Stille.

STIMME VON AURORA Concha, was machst du da –

Stille.

STIMME VON AURORA Was machst du mit der Schachtel –

Stille.

STIMME VON AURORA Was macht die Katze in der Schachtel – Was hast du vor –

Schweigen.

STIMME VON CONCHA Ich wollte sie aussetzen. *Pause.* Ich habe gehofft, daß jemand sie findet, der sich um sie kümmert. Ich kann das nicht mehr. Nicht mehr lange –. Ich wollte eine nach der anderen abgeben, damit ich in Ruhe –
STIMME VON AURORA In Ruhe was –
STIMME VON CONCHA Du hast doch eine Allergie. Du haßt Katzen. *Pause.* Dann hab ich es nicht fertiggebracht.

Wenn einer sie findet, der sie dann ertränkt. Oder sie verhungern in dem Karton. Ich hab sie wieder mitgenommen.

STIMME VON AURORA Concha, was ist los mit dir –

Stille.

STIMME VON CONCHA Ich werde sterben. *Pause.* Es kann noch ein paar Wochen gehen. Vielleicht. Mit Glück. *Pause.* Der Krebs ist in den Lymphknoten. *Pause.* Es ist nicht schlimm, Aurora. Ich weiß wenigstens, woran ich sterbe. Ich kann mich vorbereiten.

Stille.

STIMME VON AURORA Wissen es deine Kinder.
STIMME VON CONCHA Niemand, niemand weiß es. Du bist die erste. – Du bist meine Familie.
STIMME VON AURORA Wir gehen heute zum Arzt.
STIMME VON CONCHA Das bringt nichts, Aurora. Du kannst mir glauben.
STIMME VON AURORA Doch nicht wegen dir, wegen mir, meine Liebe, wegen mir. *Pause.* Die Katzenallergie läßt sich bestimmt behandeln. *Pause.* Wenn mir einer gesagt hätte, daß ich mal drei Katzen erbe –
STIMME VON CONCHA Sieben. Pinga hat Junge gekriegt.

Stille.

STIMME VON CONCHA Ich liebe dich, Aurora.

Schweigen.

STIMME VON AURORA Nicht mehr lange.

Schweigen. Kichern, hysterischen Kindern ähnlich.

161

12.

Mundo. Maria.

MARIA Wie das Spiel heißt. Es ist noch nicht auf dem Markt. Ich teste es. Damit letzte kleine Verbesserungen gemacht werden können in einem Programm, das fast perfekt ist. Du wählst einen Tag, eine Stunde, ein Jahr, du wählst einen Ort. Du bestimmst das Geschlecht. Du suchst die Familie aus, das Land, die Sprache, den Bildungshintergrund. Jeden Tag fütterst du den Computer mit neuen Informationen. Der Computer erschafft daraus eine Persönlichkeit, ein unvorhergesehenes neues Leben.

Tagsüber gehe ich in die Zeitung, wo ich seit über fünfzehn Jahren an demselben Platz arbeite, einer fensterlosen Nische, quadratisch, in der mein Stuhl, mein Tisch, mein Computer Platz haben. Wenn ich den Stuhl zurückschiebe, schlägt das obere Ende der gebogenen Rückenlehne gegen die Wand. Im Lauf der Zeit, im Lauf der fünfzehn Jahre habe ich eine Markierung in die Wand geschlagen, wie ein Zeichen, mit dem man das Wachstum der Kinder festhält. Meine Markierung wird von Woche zu Woche, von Jahr zu Jahr tiefer, gräbt sich in die Mauer, seit fünfzehn Jahren an der gleichen Stelle, seit fünfzehn Jahren auf unveränderter Höhe.

Streng verboten ist: die eigenen Lebensdaten zu verwenden. Streng verboten ist, sehen zu wollen, ob der Zufall im Computer ein anderes Schicksal generiert.

In meiner Freizeit – in meiner Freizeit, da –

Ich bin gern zum Bingo gegangen. Es hat mich abgelenkt. Ich kannte alle großen Bingohallen der Stadt. Am liebsten mochte ich die eine an der Praça Roosevelt. Ein angenehmer klimatisierter Ort, an dem du Wasser und Café umsonst serviert bekommst. So oft du willst. So lange du spielst. Die Zahlenansagerin sprach mit gedämpfter Stimme, ohne Betonung. Das gefiel mir. Ich suchte die Ruhe, die Unaufgeregtheit. Ich gewann selten. Von dem Gewinn kaufte ich neue Lose.

Seit kurzem sind die Hallen geschlossen. Ich stehe in Kneipen herum. Manchmal gehe ich ins Kino. Meine Hände haben nichts zu tun.

(Pause.)

Der Mensch aus dem Computer reagiert; er schreibt ein Tagebuch für dich, du sollst an seiner Entwicklung teilhaben. *Um 7.00 aufgestanden, nicht gefrühstückt, zu spät zur Arbeit, mittags gehungert. Schwarzer Kaffee. Abends Kino. Vier Bier, zuviel geraucht.* Der Mensch wird dein Freund. Du gewöhnst dich an ihn, den täglichen scheinbaren Gedankenaustausch.

(Pause.)

Ich habe getan, was verboten ist. Ich habe dem Computer meine eigenen Geburtsdaten gegeben. Ich weiss nicht, warum. *(Pause.)* Die Anfangsbedingungen wieder herstellen. Noch einmal von vorn anfangen. *(Pause.)* Ich habe ihr sogar den gleichen Namen gegeben. Meiner Freundin und Schwester, meinem Zwilling, meiner Doppelgängerin. *Morgen Maria, schlecht geschlafen, zwei Aspirin auf nüchternen Magen, muss los.* Ich habe viel Geld beim Bingo verloren. Ich verdiene Geld in der Zeitung, um es beim Bingo zu verlieren. Ich habe die Miete der letzten drei Monate nicht bezahlt. Ich wohne bei meiner Mutter. Oder besser, meine Mutter wohnt bei mir. Ich habe also auch die Miete meiner Mutter nicht bezahlt. Abends wartet sie zuhause auf mich. Ich war nie verheiratet. Meine Mutter macht den Eindruck, als würde sie die Wohnung selten verlassen. *(Pause.)* Sie ist immer tagsüber zum Bingo gegangen. Ich erkannte die Geräusche im Hintergrund, wenn sie mich von ihrem Handy anrief und auf meine Frage antwortete, das käme aus dem Fernseher. Wenn du zuhause bist, warum benutzt du dein Handy, frage ich. Weil ich es mir leisten kann, ruft meine Mutter und legt auf.

Computermaria wird mir immer ähnlicher. Sie hat wechselnde Affairen und nimmt ihre Mutter bei sich auf. Sie arbeitet in einer Zeitung und hat inzwischen dieselbe Position erreicht wie ich. Ich habe Politik studiert. Ich wollte die Ereignisse in der Welt kommentieren. Die Leitartikel sollten von mir sein. Ich bin auf der Kinoseite hängengeblieben. Synopsen. Ich fasse die erfundenen Leben zusammen und überlasse das Urteil darüber anderen. (*Pause.*)

Manchmal blättere ich nach hinten in den Anzeigenteil, wähle eine Nummer und gehe mit einem Mann in ein Hotel. Ich bin erst Anfang Vierzig. Ich habe nicht einmal eine Tochter, bei der ich wohnen könnte, wenn ich alt bin. Aber mit Maria, da –. Da knie ich nochmal in den Startlöchern.

Hallo Maria. Bin heute nicht in die Zeitung gegangen. Saß Stunden im Park und beobachtete die schwarzen Schwäne, wie sie sich auf das Brot stürzen, das die Leute ihnen vorwerfen. (Lacht.) *Mittags in einem Restaurant gegessen ohne zu bezahlen.* (Lacht.) *Das Besteck ist in meine Tasche gewandert. Und ein Glas.* (Lacht.) *Und das Portemonnaie meiner Tischnachbarin.* (Lacht.) *Draußen, zwei Ecken weiter, habe ich alles in den Müll geworfen.* (Lacht.)

Das Bingospielen hätte ich sowieso aufgeben müssen. Die Schulden – . Wir werden unsere Wohnung verlieren. Ich werde meine Arbeit verlieren. Vielleicht wird alles anders werden. Jetzt, wo ich nicht mehr spielen kann.

Es muß nicht alles anders werden. Es könnten sich ein paar Dinge ändern, ein paar Dinge nur.
Wenn ich nach Hause komme, erscheint mir die Wohnung leerer als sonst. Ich frage mich, mit welcher Erinnerung ich lebe. Sind es die Gegenstände, die sich verändern, oder bin ich es. Oder fange ich an, meine Umgebung anders zu sehen. Mit den Augen von Computermaria.
Meine Mutter kauft sich Zuckerrohrschnaps, die Flasche für drei Reais. Das erste Quentchen morgens im Kaffee.
Freitag, 21.00. Nicht wie geplant ins Kino gegangen. Durch die Strassen treiben lassen. An einer Ampel einen Jungen angesprochen. Hübsch, vielleicht 15, 16. Habe ihm eine Cola spendiert und ihn nach Hause eingeladen. Er zögerte.
Bingo, Bingo ist höchste Konzentration. Bingo verlangt deine ganze Aufmerksamkeit. Beim Bingo mußt du schnell reagieren; wenn du nur eine Zahl verpaßt, bist du draußen. Bingo fordert mich, es ist, als ob ich mein Glück, meinen Gewinn erzwingen könnte, wenn ich nur schnell, wenn ich gut genug bin. Was für einen Ersatz könnte es geben.
Im Auto griff ich an seine Hose, nahm sein Geschlecht in den Mund. Das Messer lag unter dem Sitz. Es war einfach. Ein Stich in den Bauch, das Blut quoll über seine Hände, er wollte sich schützen. Ich schnitt ihm die Kehle durch.
Ich muß lachen. – Ich muß lachen.
Es könnten sich ein paar Dinge ändern, ein paar Dinge nur.
Ich muß lachen. – Ich muß lachen.
Es muss nicht alles anders werden.
Was soll ich tun. Computermaria bei der Polizei melden. Sie zur Therapie schicken. Sie einen Unfall haben lassen. (*Pause.*) Im Spiel. Im Spaß. (*Pause.*) Ich mache einen Termin bei einem Psychoanalytiker für sie.
Meine Mutter will mehr Geld von mir. Sie sagt, sie sei

überfallen worden, nachdem sie beim Bankautomaten war. Sie belügt mich. Ich habe ihr Zimmer betreten. Es befinden sich keine Möbel mehr darin außer einer Matratze. Unser Konto ist für Auszahlungen gesperrt. Ich will nicht mehr nach Hause. Zuhause wartet Maria. Sie geht brav zur Arbeit, eine Woche lang. Sie verschiebt den Termin beim Psychotherapeuten.

Es muß nicht alles anders werden.

Einen Monat später hat Maria zwei weitere Menschen umgebracht.

Es könnten sich ein paar Dinge ändern, ein paar Dinge nur.

Eine Verkäuferin in einem Lebensmittelgeschäft, kurz vor Ladenschluss, und einen Pizzaboten. Im Monat darauf erschiesst sie den Therapeuten, bei dem sie nie war, mit dem sie nie geredet hat, aus nächster Nähe durch einen Schalldämpfer. *(Schweigen.)* Woher habe ich eine Pistole mit Schalldämpfer. *(Schweigen.)* Im Spiel. Sehr komisch. *(Schweigen.)* Ich habe vier Menschen umgebracht. Im Spaß. Sehr sehr komisch. In der Wirklichkeit wäre das nicht möglich. In der Wirklichkeit wüßtest du nicht, wie du dir eine Waffe besorgen solltest. Oder. Wie du es anstellen solltest, jemanden umzubringen. Oder. In der Wirklichkeit hätten sie dich schon längst gefaßt. Diese Wirklichkeit ist nicht möglich für dich.

In der Wirklichkeit bin das nicht ich. Das ist nur ein Programm.

(Schweigen.) Die einzige Möglichkeit.

Mundo steckt ein Schild durch das Armloch, mit einem schwarzen Kreuz darauf.

MARIA Du wirst dich töten müssen.
(Schweigen).
Ich werde mich töten müssen.

13.

Mundo. Concha. Aurora, mit einem allergiegetesteten Unterarm.

Schweigen.

AURORA Ich hätte sie gerne genommen. – Wirklich.

CONCHA Ich weiß. – Dich desensibilisieren, das kann man schon kaum aussprechen, das hätten wir uns denken können, daß das unmöglich ist.

AURORA Es wäre eine Überwindung gewesen. Aber ich hätte es gemacht.

CONCHA Ich weiß es.

AURORA Vielleicht könntest du sie gegen Schildkröten tauschen. Schildkröten, haarlos und stumm, das wäre ideal für mich.

CONCHA *gequält.*

AURORA Eine Anzeige. Katzen in liebevolle Hände abzugeben.

CONCHA Du weißt es eben nicht. Hernach sind die Hände nicht liebevoll, sondern verstecken ein geschärftes Messer und spekulieren auf den Katzengrill.

AURORA Du mußt nicht immer das Schlimmste vermuten.

CONCHA Aus mir spricht Erfahrung.

Mundo steckt ein Schild durch das Armloch: »Zoo«.

AURORA Was hältst du davon.

CONCHA Von mir aus.

AURORA Nachts vor den Eingang.

CONCHA Schweren Herzens.

AURORA Gut, das wär erledigt.

Schweigen.

AURORA *streicht Concha über die Haare, dabei verliert sie etliche* Sei nicht traurig.

Schweigen.

CONCHA Ich würde es gerne verstehen. Ich würde gerne verstehen, was mit uns passiert. Ob es eine Ordnung gibt. Irgendeine. *Pause.* Ich glaube, unser Gehirn ist organisiert wie eine Stadt. Es gibt die Hauptstraßen für die Gedanken, die oft gedacht werden müssen und schnell; es gibt Staus in den Hochverkehrszeiten, wenn alle zur gleichen Zeit unterwegs sind; Abkürzungen für Einheimische; verwinkelte dunkle Viertel, in denen sich Fremde nicht wohlfühlen; es gibt die Gegenden am Stadtrand, die nach und nach erschlossen werden; Pfade, die einmal begangen wurden und wieder zuwachsen, und dann gibt es noch Wildwuchs an allen möglichen Orten.

Schweigen.

CONCHA Manchmal stelle ich mir vor, man könnte jedem Stadtbewohner einen Sender am Schuh befestigen, nur für einen Tag. Und die Signale von all diesen Sendern könnte man sichtbar machen, sie würden sich als blinkende Punkte in einem dreidimensionalen Raum bewegen. Vierundzwanzig Stunden. Wie schön das anzusehen wäre, wie wunderwunderschön. Eine leuchtende leichte luftige Skulptur, in der die Bewegung der Menschen in der Stadt wie die Bewegung von Gedanken in einem Gehirn wäre.

Schweigen. Concha reißt sich ein faustdickes Büschel Haare aus. Aurora nestelt an ihrem Kopf herum, nimmt die Perü-

168

cke ab, setzt sie zärtlich auf Conchas Haare, macht sie zurecht.

AURORA Diese Perücke habe ich, seit ich als Animierdame gearbeitet habe. In Panama. So lange ist das schon her. Ich war, laß mich überlegen –

CONCHA *legt den Kopf in Auroras Schoß* Achtzehn oder neunzehn –

AURORA Achtzehn oder neunzehn. Der erste richtige Job, nachdem ich von zuhause weggelaufen bin. Das heißt, eigentlich war ich fünfzehn oder sechzehn. Und ich bekam diese Stelle im Nachtclub. Damals war ich noch ein Junge. Die schwulen Amis kamen aus Florida und gingen mit uns ins Hinterzimmer. Ich mußte sie dazu bringen, so viel Whiskey, so viel Champagner wie möglich zu trinken. Für jeden Drink bekam ich eine Provision. Einen Gutschein. Von denen lebte ich. Diese verdammten Ausländer paßten auf wie die Killerhaie, daß du selber keinen Drink ausläßt. Tagsüber schlief ich, abends ging ich in die Bar, bekam was zu essen und kaufte mir von meinen Gutscheinen Alkohol, um den Kater zu besänftigen. *Pause.* Den Panamakanal hab ich kein einziges Mal gesehen.

CONCHA Fünf Monate lang nicht –

AURORA Fünf Monate lang sternhagelvoll. In einem Rutsch durch.

CONCHA Zu blau für den Panamakanal.

AURORA Den Panamakanal hab ich nie gesehen, dafür sitz ich jetzt auf der Praça Roosevelt. Das ist auch eine Ironie.

CONCHA Es ist aber nicht der. Es ist nicht Teddy, es ist Franklin.

AURORA Bleibt in der Familie.

CONCHA Hast du sie gefickt, die Amerikaner.

AURORA Iiiih, ich hab auf meinen Ruf geachtet. Ich war nur

eine Widmung. So nannten wir das. Ich war eine Widmung, keine Nutte. – Ja, manchmal hab ich mich dem einen oder anderen ein bißchen intensiver gewidmet. Aber nur wenn ich Lust hatte. Was denkst du denn. – Singen und tanzen. Das war es, was ich wollte. Ich übte mit den Kastagnetten meiner Mutter vor dem Spiegel. *Schweigen.* Immer wieder hab ich vorgesprochen, mich ins Programm geschmuggelt. Aurora de Cordoba. Mein ganzes Geld hab ich in Kostüme investiert. – Zuerst waren sie hingerissen. Wer ist dieses Mädchen. Beim dritten oder vierten Auftritt wurde der Manager des Clubs stutzig, kam in die Garderobe, schnüffelte an meiner Wäsche. Griff mir zwischen die Beine. Und dann schmissen sie mich raus. *Pause.* Also ging ich zurück in mein Hinterzimmer und trank weiter mit den Gringos. *Pause.* Sie waren reich und großzügig, so lange sie nicht dachten, du willst sie bescheißen. So viel wie damals hab ich nie wieder verdient. *Pause.* Panama war glorios.

Schweigen.

AURORA Das einzige, was von meinem Leben geblieben ist, sind meine Perücken und meine Kostüme. Mein Schrank ersetzt jedes Modearchiv. *Lacht.* Und meine Wege erzählen sie auch: die Dekolletées aus Panama, die Straßkleider aus Buenos Aires, die weißen Spitzen aus Bahia, die staubigen Stiefeletten aus dem Interior.
Meine einzige Sehnsucht war, auf der Bühne zu stehen, und dann: für jedes Leben ein Lied. Damit es nicht verloren geht. Aber ich hab es nicht geschafft. Du bist die einzige, die mir zuhört.

Schweigen.

CONCHA Das möchte ich dir schenken. Als Andenken. *Gibt Aurora eine Schachtel.*

AURORA *macht sie auf, sie ist voller Fotos* 2. 4. 94, 23. 10. 81, 5. Juni Nullzwo.

CONCHA Ein Foto für jeden Tag.

AURORA Hast du die mal angesehen.

CONCHA Ich hab sie beschriftet und archiviert.

AURORA Meine Liebe, gibt es auch Bilder, auf denen etwas zu sehen ist, die hier sind alle schwarz.

CONCHA Das ist nicht wahr. Da, ein Lichtstreifen, und das war glaube ich, Moment mal, 1. Mai, ein roter Fleck von einem Banner –

AURORA Concha, Concha, du hast dein Leben lang jeden Tag ein Foto gemacht, das so gut wie schwarz oder unscharf ist.

CONCHA Irgendwann ist der Verschluß von der Kamera kaputtgegangen. Aber darauf kommt es doch nicht an.

AURORA Sondern.

CONCHA Auf die Erinnerung. Du wirst dich an mich erinnern, an jeden Tag. Immer, wenn du eines in der Hand hältst.

AURORA Das ist wie ein Tagebuch, in dem die Tinte verlaufen ist.

CONCHA Nein, es ist ein Tagebuch, an dem Tag für Tag überhaupt nichts Besonderes passiert. *Pause.* Und jetzt ist es trotzdem zu Ende.

Schweigen.

CONCHA Darf ich mir was wünschen.

AURORA Was du willst, mein Engel.

CONCHA Wenn es so weit ist, bei meiner Beerdigung, singst du ...

Pause.

AURORA Mach ich. *Pause.* Mach ich.

Schweigen.

AURORA Kannst dir was aussuchen.
CONCHA *überlegt* Nö. – Ich laß mich überraschen.

Schweigen.

CONCHA Du bist die einzige, die mir noch nie gesagt hat,
daß ich komisch rieche.
AURORA Du duftest nach feuchtem Sand, nach Meerwasser,
nach Salz, nach Tang, nach der Sonne am Morgen. Ich liebe deinen Geruch.

14.

ORANGEN III

Situation wie Szene 1 und 7.

FRAU MIRADOR Sprich.
Ich wollte, du könntest sprechen.
Ich wollte, du könntest sagen,
wie es für dich war.
Auf unseren Sohn hast du eingeredet,
bis er sich zur Wand drehte.
Auf unseren Sohn hast du eingeredet,
bis er verstummte.
Bis er in den Nächten nicht wiederkam.
Du bist ihm gefolgt,
du hast ihn gesucht,
du hast nicht aufgehört zu reden,
bis er dir zu Willen war.
Du hast ihn weich gekriegt,
dir zuliebe wollte er Schluß machen.
Nun hast du einen toten Sohn.
Schweigen.
Mir wäre es egal gewesen,
mir wäre es vollkommen egal gewesen.
Wäre mein Sohn ein Dealer,
wäre er noch am Leben.
Pause.
Wir haben nicht mal kirchlich geheiratet.
Das hat uns nicht geschadet.
Der Mensch lebt nicht, weil er Gott zu Willen ist.
Im Gegenteil.
Aber du hast ja nichts gelernt

in deinem Beruf.
Schweigen.
An dem letzten Abend,
an dem mein Sohn weggegangen ist,
hat der Mann eine Orange gegessen,
nur eine.
Als ob er etwas wüßte.
Als ob er etwas vorwegnehmen würde.
Der Sohn kam nicht wieder in dieser Nacht.
Am nächsten Tag war er tot.
Am Abend des nächsten Tages fing der Mann an,
Orangen zu essen
wie der Sohn.
Er aß alle die Orangen,
die für unseren Sohn herangewachsen waren.
Die für ihn gepflückt worden waren.
Die für ihn Sonne aufgesaugt hatten.
Er aß alle Orangen,
die unser Sohn hätte essen können,
und die er auch mit Sicherheit gegessen hätte.
Er aß sogar noch mehr.
In der Küche stand ein Eimer mit Orangen,
im Schlafzimmer stand ein Eimer mit Orangen,
und im Wohnzimmer lagen Orangenberge auf dem Sofa.
Er aß die Orangen mit der Schale.
Im ganzen Haus roch es nach Orangen.
Es roch, als sei der Sohn zurückgekehrt.
Pause.
Es roch nach Tod.
Pause.
Er konnte nicht mehr aufhören
mit den Orangen.
Und ich habe ihn verlassen.

174

Der Tod riecht nach Orangen.
Und ich habe ihn verlassen.
Pause.
Du könntest einen Arm heben,
zum Zeichen, daß du mich verstehst.
Pause.
Eine Hand.
Pause.
Du könntest einen Finger heben,
wenn du könntest.
Beugt sich über ihn.
Jetzt
ein Lidschlag.
Blinzle.
Laß eine Wimper fallen.
Bitte.
Schweigen.
Ich habe dir gesagt,
laß ihn in Ruhe.
Pause.
Und ich lebe noch.
Ich lebe noch.

15.

HERR MIRADOR *Ich erzähle Ihnen diese Geschichte, wie ich Sie nie jemandem erzählt habe. Wie ich sie vor mir selber nie zusammenfügen konnte, wie ich sie mit meiner Frau nie, meinem Sohn erst recht nicht besprechen konnte. Ich kann die Geschichte erzählen, jetzt, wo ich selbst aus ihr herausgetreten bin, wo ich selbst nur noch ein Anhängsel bin, ein blindes Ende, ein passiver Teil von ihr, jetzt, wo unabänderlich feststeht, daß unser Leben sein Schicksal gefunden hat, ohne daß ich es verstehen würde, ohne daß ich es erklären könnte, ohne daß ich mich dagegen auflehnen könnte, denn auch dafür ist es zu spät.*

Ich möchte, daß Sie sich meine Frau in einem Brautkleid vorstellen. Es müssen keine weißen Schuhe sein und auch kein Schleier, aber geben Sie ihr die Chance, sich in einem weißen Kleid zu zeigen, altmodisch und glücklich. Wir haben nie kirchlich geheiratet, und wir hatten kein Geld für eine Hochzeitsfeier. Meine Frau hatte ihr Brautkleid schon genäht, heimlich nachts; ihre Eltern waren reiche Katholiken, ich kam aus einer evangelischen Familie, die nichts hatte und nichts war, und auch deswegen ließen sie uns nicht in ihre Kirche. Sie schickten meine Frau aus dem Haus, mit einem Koffer, in dem sie ihr Brautkleid hatte, und wünschten ihr nichts Gutes. Als Polizist verdient man nicht viel. Also tat sie, was sie am besten konnte: sie nähte Brautkleider, sie nähte Brautkleid um Brautkleid und wurde berühmt als Brautkleidnäherin. Einmal versengte eine Braut den Saum ihres Kleides bei der Anprobe an einer Kerze, und weil auf die Schnelle kein Stoff zu bekommen war, schnitt meine Frau von ihrem eigenen Brautkleid ein Brautkleidstück ab und stückelte es an das Brautkleid der anderen, und dafür wiederum stahl sie sich von dem Brokatbrautkleidstoff einer Kundin, die zu viele Meter gekauft hatte, ein Brokatbrautkleidstoffstück und nähte es an ihr altes Brautkleid an, das damit ein Brokatbrautstückelkleid mit einem Brokatbrautkleidstückelsaum wurde. Später zerriß die Sonntagsbluse einer unserer Töchter, meine Frau opferte erneut und führte eine Brokatbrautkleidärmelausbesserungsamputation durch. Eines meiner schönsten Geschenke gelang mir, als ich ihr zu Weihnachten eine Brokatbrautkleidbrosche schenkte und an ihrer Brust anbrachte, wo die Brokatbrautkleidbrustbrosche alsdann in ihrer ganzen Brokatbrautkleidbrustbroschenpracht prangte. In dieser Nacht, in dieser berauschenden Brokatbrautkleidbrustbroschenprachtnacht war es, daß wir unseren Sohn zeugten, das jüngste von vier Kindern und der einzige Sohn. Wir nannten ihn manchmal unter uns das Brokatbrautkleidbrustbroschenprachtnachtrauschbaby. Schweigen. Ja, so nannten wir ihn. Schweigen. Als er älter wurde, hat meine Frau ihm von Zeit zu Zeit das Kleid gezeigt, das Kleid, in dem er gezeugt wurde. Einmal hat sie es wieder anprobiert. Es paßte nicht mehr. Sie mußte den Reißverschluss am Rücken offen lassen. Schweigen. Als der Junge starb, kam sie mit dem Kleid überm Arm ins Krankenhaus, sie saß an seinem Bett, wie sie jetzt an meinem Bett sitzt, und sie deckte seinen kalten Körper mit ihrem Brautkleid zu. Das Kleid, mit dem wir nie in der Kirche waren. Das Kleid, mit dem wir im Bett waren.

16.

Zwei Schreibtische. Mit je einem Stuhl. Und neben dem einen ein Ventilator. An der Wand hinter dem anderen ein Porträt des Vaters. Daneben ein Porträt von Roosevelt.

VITO Und das ist mein Büro.

Schweigen.

VITO Na ja. Es ist – eher – praktisch angelegt. *Pause.* Mein Vater mochte keinen Firlefanz.

Pause.

BINGO Es fehlt ein bißchen – Grün.
VITO Der einzige Luxus, den ich mir gönne, ist ein Ventilator. *Pause.* Setz dich doch.

Bingo weiß nicht wo. Der leere Schreibtisch ist der des Vaters, hinter den kann sie sich nicht setzen. Der mit Papier drauf ist Vitos, das wäre indiskret.

VITO *geht hinter seinen Scheibtisch, deutet auf den des Vaters* Bitte.

Sie sitzen sich gegenüber, Bingo unter dem Bild des Vaters. Schweigen.

VITO Das geht nicht. Entschuldigung, das geht nicht. Wir tauschen.

Sie sitzen sich andersrum gegenüber. Schweigen.

VITO Ja. *Pause.* Ich wollte auch nur, daß du mal siehst, wo ich arbeite. *Pause.* Dann können wir jetzt wieder.
BINGO Nee. Nee – warte mal.

Sie nimmt ihren Stuhl und nötigt Vito, seinen zu ihr in die Mitte zwischen die Schreibtische zu stellen. Sie sitzen Knie an Knie nebeneinander.

BINGO Das ist besser.

Pause.

BINGO Und dann schossen in ihrem Kopf ganz viele Fragen hin und her.
VITO Zum ersten Mal sah er sein Büro durch die Augen eines anderen Menschen. Zum ersten Mal sah er das Büro durch ihre Augen. Und er sah, daß es abgenutzt und leer war wie sein Leben. Er schaltete sofort den Ventilator ein, um nicht sentimental zu werden.
BINGO Was willst du denn anfangen, wenn du alle Leute entlassen hast und die Fabrik geschlossen, diese hier und die in Paraguay auch. Was willst du denn tun mit dem Rest deines Lebens, wo soll die Reise hingehen, nimmst du mich mit, wie alt bist du eigentlich.
VITO Wir finden eine neue Beschäftigung für deine Stimme. Am Flughafen. In einer Karaoke-Bar. Alle automatischen Telefonansagen dieser Welt sollten von dir gesprochen werden. Leben deine Eltern noch. Wieso hast du keine Freunde. Ich würde dir gerne eine Stimmgabel schenken.
BINGO Wenn du drei Wünsche frei hättest – womit fängst du an.
VITO Eine Idee hätte ich schon. Wenn hier alles geregelt ist.
BINGO Schieß los.

VITO Ich würde gerne –
BINGO Na was denn.
VITO Ich würde gerne den Alpinismus fördern.

Schweigen.

VITO Ich bin einmal im Auto über die Anden gefahren, einmal. Seither träume ich. Ich habe einen Wolf gesehen. Im Schnee. Und Indianer, die neben heißen Quellen wohnen. Über viertausend Metern spürst du, wie Gott deine Lungen in beide Hände nimmt und sie langsam zerquetschen will.
BINGO Und das gefällt dir.
VITO Es gibt so viel zu tun. Der Chimborazzo, der Marmolejo, der Aconcagua.
BINGO Sei mir nicht böse, du schnaufst schon im vierten Stock.
VITO Doch nicht ich. Ich rüste sie aus. Die Profis. Oder besser gesagt, die Liebhaber. Ich fördere die Liebhaber der Berge. Ich gründe eine Schule für Alpinisten, ermögliche ihre Expeditionen und das einzige, was ich will, ist eine Fahne auf dem Gipfel, auf der steht in leuchtendem Gelb: – VITO –.
BINGO Auf rotem Grund.
VITO Verstehst du mich.
BINGO Ich freue mich, wenn du dich freust.
VITO Er wußte nicht, was er sagen sollte. Er wußte nicht, wie er ihr sagen sollte, daß er sie liebte. *Pause.* ... daß er sie liebte ... .
BINGO Hast du mal Werkzeug da –
VITO Kommst du mit Grünzeug kaufen –
BINGO Grünzeug –
VITO Topfblumen oder eine Staude oder so was Wucherndes. Du wolltest Pflanzen.

BINGO Unten in der Werkstatt liegt sicher ein Beil rum, ein Beil oder eine Säge. Könnte ich die mal ausleihen, bitte.
VITO Klar. Ein Beil, bitte.

Ein Beil fällt aus dem Schnürboden.
Bingo nimmt es und beginnt wortlos, den Schreibtisch des Vaters zu zerhacken. Vito sieht ihr eine Weile zu. Blickt stumm nach oben. Noch ein Beil fällt aus dem Schnürboden. Er hilft Bingo. Sie hacken den Schreibtisch in kleine Stücke. Fertig. Erschöpfung. Bingo sieht auf die Porträts. Vito: »Das da ist Roosevelt, der ist mein Vater.« Bingo visiert das Vaterporträt an. Vito: »Nein, das nicht.« Bingo kennt keine Gnade, wirft das Bild auf den Holzhaufen, zerhackt es ebenfalls. Vito sieht ihr eine Weile zu. Dann hackt er mit. Finito. Sie treten drei Schritte zurück und rauchen eine Zigarette. Bingo: »Und da kommt dann die Couch hin, daneben ein kleiner Glastisch, damit man mal was abstellen kann, mit ner Kugellampe, und auf die andere Seite eine kleine Palme, Hydrokultur, das ist am praktischsten.« Pause. Vito: »Oder das Kinderbett.« Bingo: »Ja genau, oder das Kinderbett.« Pause. Bingo: »Oder eine Kommode, weißer Schleiflack, so ein Sideboard, mit messingenen Griffen dran, was glänzendes.« Vito: »Ja, aber, oder das Kinderbett.« Bingo: »Okay, das Kinderbett.«
Bingo: »Und was machen wir mit deiner Mutter. Mit der halbkomatösen, halb hinüberen, mit der Pflanze, was machen wir mit der?« Vito: »Nicht zerhacken.« Bingo: »Nee, nicht zerhacken. Wir nehmen sie zu uns und stellen sie in die Sonne.«

Auftritt Concha.

VITO Hallo Concha.
CONCHA Na wie siehts aus.

VITO Wir haben uns gerade verlobt. *Pause.* Glaube ich.

BINGO Können wir für Sie auch was Gutes tun.

CONCHA Kann sein. Ich möchte kündigen.

VITO Concha, ich kann mir ein Leben ohne Sie nicht vorstellen. *Pause. Zu Bingo* Sie war schon Sekretärin bei meinem Vater. Zweiunddreißig Jahre.

CONCHA Ja. Eben. Jetzt bleibt mir nicht mehr viel Zeit. *Pause.* Ich will kein Büro mehr von innen sehen. Ich will nicht mehr auf dem Nagelbrett liegen. Ich will – *kämpft, singt ein paar Takte »Manhã tão bonita manhã ...«* – ich will ein Glück empfinden, einmal, einmal wenigstens noch ein Glück empfinden. *Singt.* So wie beim Anblick des Himmels, wenn er sich mit einem Rot überzieht, mit einem Rot, als ob er sich schämen würde, bevor die Sonne aufgeht, und es noch kalt ist, dieses Glück, diese Vorfreude auf einen Tag ... *Singt.* Ich werde nach Iguaçu fahren, zu den Wasserfällen. Mein Leben habe ich nur fünf Fahrstunden entfernt verbracht, ans Meer ja, zu den Wasserfällen nie. Ich werde mich in einen Liegestuhl setzen, und dem Geräusch des fallenden Wassers zuhören, das so laut ist, daß man mit niemandem sprechen kann, man versteht nicht einmal die eigenen Worte. Ich schließe die Augen und halte mein Gesicht in den Himmel, und die feine Gischt, die der Wind herüberweht spüre ich, schon im Schlaf ...

VITO Und die Katzen.

BINGO Entschuldigung – es ist wieder dieser Geruch – *fällt in Ohnmacht.*

CONCHA Es sind nicht die Katzen, die Sie riechen, Herr Vito. Ich bin es, ich stinke. Es sind die Medikamente, es ist die Krankheit. Ich stinke. Und es tut mir nicht leid. Alle sollen es riechen. *Ab.*

VITO Was für Medikamente. Welche Krankheit. – Bingo, Bingo wach auf –.

17.

HERR MIRADOR *Als ich die Augen öffnete, saß auf der Wartebank eine Frau mit einer Schachtel auf den Knien. Sie hielt den Kopf gesenkt, starrte vor sich auf den Boden. Die Schachtel sah aus wie die Verpackung eines kleinen Fernsehers. Ich war allein auf der Wache und eingedöst, die Nacht hatte ich in den Straßen verbracht auf der Suche.*

Ich räusperte mich, die Frau hob den Kopf. Sie war noch jung, Ende Dreißig, die Haare hatte sie in einen Pferdeschwanz zurückgekämmt, sie trug ein hellblaues Sommerkleid.

Ich stand auf und bat sie an meinen Schreibtisch. Sie setzte sich auf den Besucherstuhl, in derselben Haltung wie vorhin, die Schachtel in beiden Händen.

Sie sagte, sie bräuchte die schriftliche Erlaubnis, den Leichnam ihrer Tochter von einem hiesigen Friedhof nach ihrem Heimatort zu überführen. Sie kam aus einem kleinen Dorf im Nordosten, wie die meisten ihresgleichen. Ich schätzte, sie arbeitete als Zugeherin in einem der wohlhabenden Haushalte im Viertel. Und in der Schachtel hatte sie die Kleider zum Wechseln, ihre Arbeitskleidung, die sie bis Tagesende durchgeschwitzt haben würde.

Ich holte das Formular aus meiner Schublade. Name, Vorname, Geburtsdatum. *Die Tochter war siebzehn, als sie bei einer Messerstecherei in einer Diskothek ums Leben kam. Die Frau sah mich nicht an. Die Tochter lag auf einen Armenfriedhof, wo die Toten nach vier Jahren exhumiert werden, um Platz für neue Gräber zu schaffen. In ihrem Heimatdorf gab es ein Familiengrab, für das die Großmutter bezahlte. Ich sah, wie kleine Schweißperlen auf der Stirn der Frau glänzten. Ich fragte sie nach dem Transportunternehmer. Sie schien mich nicht zu verste-*

hen. Wer den Transport übernimmt, das muß in das Formular, wer bringt die Leiche nach Hause. *Sie wiederholte ihren Namen, ich schüttelte den Kopf.* Den Sarg, wer transportiert den Sarg, welche Firma. *Zum ersten Mal sah sie mich an, sie bewegte die Lippen und senkte dann wieder den Kopf. Mir war heiß, ich stand auf und öffnete die Tür, die Bäume auf dem Platz standen im vollen Licht der Mittagssonne.*

Ich widerstand der Versuchung mich auf den Schreibtisch zu setzen, neben die Frau, ihr freundschaftlich die Hand auf die Schulter zu legen. Ich fing gerade an, ihr nochmal das Formular zu erklären, da unterbrach sie mich, sie legte eine flache Hand auf die Schachtel und sagte: Ich kann keinen Transport bezahlen. Es gibt keine Leiche mehr. Ich selber bringe sie, mit dem Bus, der heute abend fährt. Ich bringe ihre Knochen nach Hause.

Stille war im Raum. Ich sah auf die Schachtel, in das Gesicht der Frau, sie hatte die Augen wieder gesenkt. Sie weinte nicht.

Ich füllte das Formular zu Ende aus. Ich hörte die Zeiger meiner Armbanduhr ticken.

Mit dem Bus, der heute abend fährt, *wiederholte sie leise. Ich nickte ihr zu, als sie das Formular aus meiner Hand nahm und ging.*

18.

Aurora, Mundo.

AURORA *singt Manhã de Carnaval*[2].
Pause.
Zu Mundo. Na, jetzt paßt das Schwarz endlich.
Gib mir ne Fluppe, Schätzchen.
Mundo steckt eine durch das Mundloch. Aurora raucht.
Pause.
Zu den Wasserfällen hat sies nicht mehr geschafft. Aber
sie hat sich ein schönes Fleckchen ausgesucht, auf dem
Armenfriedhof. Draußen in Sankt Luis. Unsere Concha.
Blick über die vertrocknete Wiese bis zu den Hügeln ge-
genüber. Niemand da von ihrer Familie. So kanns gehen.
Während der Pfarrer sprach und den Sarg segnete, Schüs-
se von jenseits der Friedhofsmauer. Niemand zuckte zu-
sammen, nur der Pfarrer hob den Kopf.
Die Stummen Zeugen kommen nach und nach dazu (Frau
mit Zähnen und Spiegel, Mann mit Elefantenkrankheit,
Susana, Frau mit Knochen).
Die Geschichte von Bibi, die mochte Concha am liebsten.
Bibi ist die Kleine, die bei mir gewohnt hat. Ihr erkennt sie
an dem Spinnennetz, das sie auf die Stirn tätowiert hat. Bibi ist Ende zwanzig, und seit ich sie kenne, spart sie auf eine Operation. Sie hat sich die Brüste machen lassen, wir
waren zu dritt, wir halfen einander; wir haben ihr das Si-
likon unter die Haut um die Brustwarzen gespritzt, wir
haben ihr den Hintern aufgepolstert, die Oberschenkel
gerundet, die Wangenknochen gehoben. Na ja, ihren
Schwanz konnten wir nicht verschwinden lassen.

---

2   s. Virginia Rodrigues, Sol Negro.

Auftritt Bibi.

Also Bibi arbeitet auf der Straße, um sich irgendwie diese Scheiß-OP zusammenzusparen, und eines Tages kommt sie im Morgengrauen nach Hause, weckt mich auf und sagt –

BIBI Aurora, ich hatte eine Begegnung.

AURORA Ja, das will ich hoffen. Du mußt viel, viel Geld verdienen.

BIBI Nein, eine ganz besondere Begegnung. Ich glaube, ich habe den Mann meines Lebens getroffen.

AURORA Den Mann deines Lebens.

BIBI Ja, hör mir zu. Ich stehe an der Ecke Cesário Motta/ Marquês de Itu, es ist drei Uhr früh, und außer mir ist kein Mädchen zu sehen, ich bin ganz allein. *Pause.* Plötzlich – plötzlich sehe ich ganz am Ende der Motta einen Lichtschimmer, so eine – Au – Aureole, und wie ich da stehe und schaue, kommt das Licht näher, es kommt auf mich zu, es hat die Umrisse eines Menschen, es bleibt vor mir stehen, und jemand tritt aus dem Licht, tritt auf mich zu und sagt –

AURORA Hab keine Angst –

BIBI Hab keine Angst, genau. Ich sehe hin, geblendet von dem Licht und sehe –

AURORA Einen Mann –

BIBI Genau.

AURORA Einen kräftigen Mann mit markantem Gesicht und vollen blonden Haaren.

BIBI Nein, einen kleinen Mann mit einer Glatze, ganz ganz mager, mit langen, dünnen Armen und Beinen und riesengroßen Augen und er ist –

AURORA Er ist was –

BIBI Er ist nackt –

AURORA Er ist nackt –

BIBI Ja, er ist nackt und grün.

AURORA Grün – Wie grün –

BIBI Am ganzen Körper.

AURORA Du hast einen Mann gesehen, der kam auf dich zu in einem Lichtschimmer, und er hatte eine Glatze und war nackt und grün.

BIBI Ja genau.

Pause.

BIBI Zuerst war ich nicht sicher, ob es ein Mann war.

AURORA Du weißt nicht, ob es ein Mann war –

BIBI Nur am Anfang.

AURORA Bist du mit ihm, seid ihr ins Hotel –

BIBI Ja, ins Gloria.

AURORA Die haben euch reingelassen.

BIBI Ja. Weißt du, Aurora, er ist nämlich –

AURORA Sag schon –

BIBI Er ist unsichtbar.

AURORA Du bist mit einem nackten, grünen, unsichtbaren Mann ins Gloria gegangen.

BIBI Genau so wars.

AURORA Aber reden konnte er.

BIBI Er spricht unsere Sprache. *Pause.* Auch. *Pause.* Er hat gesagt, er hat mich lange beobachtet, lange, lange beobachtet, und sich bis über die Ohren in mich verliebt.

AURORA Die grünen.

BIBI Mhm. *Pause.* Weißt du, Aurora, ich glaube ihm. Ich habe nämlich schon seit einiger Zeit das Gefühl, das mich jemand verfolgt.

AURORA Okay.

BIBI Und dann hat er gesagt, er hat es nicht mehr ausgehalten, und mußte sich sichtbar machen. Aber nur für mich.

AURORA Und hat er auch einen Namen.

BIBI Seinen Namen weiß ich nicht. Er ist Marsianer.

AURORA *nachdenklich* Kam es zum – *Pause.* Hattet ihr Geschlechterverkehr, der Marsianer und du.

BIBI Wahnsinn. Aurora.

AURORA Was.

BIBI Er hat so ein langes Glied, so lang, dick wie ein Baumstamm, nie in meinem Leben habe ich ein derartiges Glied gesehen, nur es ist eben –

AURORA Was –

BIBI Unsichtbar. – Ich dachte, er wird mich umbringen, und es tat auch wirklich fürchterlich weh, ich habe laut geschrien, ich dachte, das Blut, das da aus mir rausläuft, wird das ganze Laken einfärben, es wird eine fürchterliche Sauerei geben, er hat mich ins Ohr gebissen und auch fürchterlich geschrien, wir haben beide fürchterlich geschrien, es war fürchterlich. Ich bekam große Angst und, Aurora, es war überhaupt nicht schön, obwohl er mich doch liebt.

AURORA Verstehe. – Hat er dir Geld gegeben.

BIBI Woher denn. Er wollte alles umsonst. Liebe eben.

AURORA Hat er dir irgendwas versprochen. Die Ehe oder so.

BIBI Nee. – Noch nicht.

AURORA Meinst du, er will darauf hinaus.

BIBI Kann schon sein. Kann gut sein.

AURORA Und wo ist er jetzt.

BIBI Abgereist. Wir sind aus dem Hotel raus, er hat sich verabschiedet, ist die Straße runter, der Lichtschein kam an, nahm ihn auf, und sie bogen zusammen um die Ecke und weg warense.

AURORA Glaubst du, er kommt wieder.

BIBI Klar. – Und er sagte, er will, daß ich euch bekannt mache.

AURORA Er will mich kennenlernen.
BIBI Ja.
AURORA Ich kann ihn doch nicht sehen.
BIBI Weiß ich auch nicht, wie das gehen soll.
AURORA Was will er denn von mir.
BIBI Ich glaube, er ist scharf auf dich.
AURORA Um Himmels willen.

Pause.

BIBI Was soll ich denn jetzt tun.

Pause.

AURORA Liebst du ihn.

Pause.

BIBI Ich bin mir nicht sicher. Irgendwie schon.
AURORA Wie gehts deinem Hintern.
BIBI Alles in Ordnung. Ist nichts zu sehen. Nichts aufgeris-
sen, keine Wunde, kein Blut, keine Schürfer oder Kratzer,
nicht mal ein blauer Fleck. Is komisch, oder.
AURORA Hm. Tut auch nicht weh.
BIBI Nö. Tut nicht weh.

Schweigen.

AURORA Später lag Bibi an meinem Busen und weinte. Sie
hatte sich wirklich in den grünen glatzköpfigen Marsianer
mit dem riesigen, aber unsichtbaren Glied verliebt, und
schließlich schliefen wir beide in meinem Bett ein. *Pause.*
Am nächsten Tag suchten wir Rat bei einem promovier-

ten Ufologen, der uns von verschiedenen Seiten empfohlen worden war. Der Ufologe hörte sich alles an, drehte an seinem Kosmosmodell und sagte: »Sie haben hoffentlich ein Kondom benutzt –.«

BIBI *räuspert sich* Hab ich vergessen.

AURORA Du hast es vergessen –. Du hast Geschlechterverkehr mit einem Marsianer und vergißt, ein Kondom anzuziehen – sag mal, spinnst du.

BIBI Ich hab nicht dran gedacht.

AURORA Wie finden wir jetzt raus, ob er positiv ist.

BIBI Weiß nicht. Wir können rausfinden, ob ich positiv bin.

AURORA Der Ufodoktor half uns nicht weiter. Wir verließen ihn so ratlos wie wir gekommen waren. Bibis Geschichte sprach sich herum, und sie wurde in eine Talkshow eingeladen. An dem Abend der Livesendung versammelten sich die Transen des Viertels bei uns, lagerten auf dem Sofa und auf dem Boden, verstreuten Popcorn, Zigarettenasche und Kartoffelchipskrümel und brachen in spitzige Schreie aus, als Bibi auf dem Schirm erschien. Es wurde eine Katastrophe. Bibi erzählte von ihrem Problem mit dem nackten, glatzköpfigen, grünhäutigen Außerirdischen, der mit ihr Kinder zeugen wollte, obwohl sie nicht mal im Besitz einer Gebärmutter war. Das Studiopublikum fing an zu pfeifen, brach in Buhrufe aus, und Bibi wurde von Weinkrämpfen geschüttelt.

Unsere Freundinnen fühlten sich von ihr der Lächerlichkeit preisgegeben. Sie schnitten sie auf der Straße, machten ihr ihren Standplatz streitig und ihre Freier abspenstig. Eines Nachts kam ich nach Hause, wo Bibi auf dem Fensterbrett saß und den Mond anstarrte; sie rauchte eine Zigarre dabei. Sie weigerte sich, mit mir zu sprechen, und als ich schlief, packte sie ihre Sachen in eine Tasche und verschwand ins Halbdämmer der Straßen.

Schweigen.
Wo sie jetzt lebt, weiß ich nicht. Ich sehe sie manchmal, mit dem Spinnennetz auf der Stirn, schön, ängstlich, scheu.
Pause.
Concha sagte, du hättest sie nicht ins Fernsehen gehen lassen dürfen. Dann wäre sie vielleicht glücklich geworden, mit ihrem unsichtbaren außerirdischen Geliebten.
Schweigen.
Ja.

19.

Ehepaar am Fenster.

MANN *am Fenster* Da.
FRAU Was.
MANN Na das.
FRAU Was.
MANN Schau doch mal.

Frau kommt ans Fenster.

MANN Da.
FRAU Was.
MANN Da.
FRAU Wo.
MANN Da liegt einer.

Schweigen.

FRAU Seh nichts.
MANN Da.
FRAU Alles dunkel.
MANN Da liegt einer.
FRAU Kann nichts erkennen. *Pause. Geht weg.*
MANN Doch doch. Da da.
FRAU Ach was.
MANN Da liegt doch einer. Da ist doch was.
FRAU Schatten.
   Unter Bäumen.
   Nachts.

Schweigen.

FRAU Nichts.
  Pause.
  Gar nichts.
MANN Doch.
  Doch.
FRAU Dunkle Dunkelheit.
MANN Doch da ist was.
  Da liegt was.

Schweigen.

FRAU Ein Tier vielleicht.

Pause.

MANN Das bewegt sich.

Schweigen. Der Mann geht zur Frau.

MANN Das bewegt sich noch.
FRAU *schüttelt den Kopf.*
MANN *deutet zum Fenster* Bitte das
  das bewegt sich
  noch.
FRAU *schüttelt den Kopf.*
MANN *geht wieder zum Fenster.*
MANN Ja das
  ist ein Tier vielleicht aber
  es bewegt sich
  noch.
  Pause.
  Etwas Schwarzes bewegt sich.

Pause.

FRAU Ein Schwan.

Pause.

FRAU Ein schwarzer Schwan.
MANN Etwas Schwarzes läuft
   aus ihm heraus
   aus dem vielleicht
   Tier.
FRAU Ein schwarzer Schwan
   bewegt seine Flügel
   im Schatten eines Baumes
   in der Nacht.
MANN Aber.
FRAU Das hab ich gesehen.
MANN Aber
   noch nie.
FRAU Das hab ich erkannt.
MANN Aber noch nie.
   Aber woher.
FRAU Wenn du mich fragst.

Schweigen.

MANN Ich geh mal runter.
FRAU Auf keinen Fall.
MANN Nachsehen.
FRAU Du gehst nicht aus dem Haus.
MANN Aber wir können doch nicht –
FRAU Wegen eines Tiers –

Pause.

MANN Ich ruf die Polizei.

Pause.

FRAU Überleg dir das.
MANN Dafür sind die da.
FRAU Und.
   Was hast du gesehen.
MANN Wie. Was.
FRAU Das fragen sie dich.
   Das wollen sie wissen.
MANN Nichts.
FRAU Als erstes.
   Das fragen sie als erstes.
MANN Nichts. *Pause.*
   Ich ruf jetzt an.
FRAU Nicht.
   Laß uns das zusammen –
MANN Nichts
   hab ich gesehen.
FRAU Eben.
   Lohnt sich das.

Schweigen.

MANN Das ist kein Tier.
FRAU Ein Schwan.
   Ein schwarzer Schwan.
   Hast du selbst.
MANN Niemals.
FRAU Ein schwarzer Schwan
   von dem See von dem Park der –

MANN 5 km Luftlinie.
FRAU Der hat sich verirrt.
   Pause.
   Verflogen.
   Pause.
   Den Flügel gebrochen.
MANN Dann ruf ich jetzt
   den Tierarzt.
FRAU Nein.
MANN Warum nicht.

Schweigen.

FRAU Und wen
   hast du gesehen.
MANN Niemand.
   Niemand hab ich gesehen.

Pause. Mann greift zum Telefon.

FRAU Das wird in der Zeitung stehen.
   Du wirst in der Zeitung stehen.
MANN Ich brauche meinen Namen
   nicht zu nennen.
   Oder.
FRAU *schüttelt denKopf.*
MANN *wählt, legt auf, geht wieder zum Fenster.*
MANN Stockdunkel.
   Ich habe niemand gesehen.

Schweigen.

MANN Ich glaube
   der Schwan ist tot.

Frau geht zum Fenster, sie sehen gemeinsam hinaus.

20.

HERR MIRADOR *Ich irrte weiter durch die Straßen, durch die Stadt. Auf der Suche nach dem Gesicht, das für mich bestimmt sein würde. Ich erkannte niemand. Nächtelang sprach ich kein Wort. Die Tage fielen in schwarzes Grau.*

21.

Früher Morgen. Es wird langsam hell, zaghafte Röte am Rand des Himmels. Aurora, die Schlaflose, die Nachtschwärmerin streift über den Platz. Singt »Noite de temporal.«[3] Sieht etwas Dunkles am Boden von Weitem. Kommt näher, findet einen Menschen. Ihre Hände sind blutig. Bleib nicht allein mit dem Schrecken. Zeig mir deine blutigen Hände, Aurora.

---

3   cf. Virginia Rodrigues, Sol Negro.

22.

ORANGEN
Chor der Stummen Zeugen

Frau mit Zähnen und Spiegel, Mann mit Elefantenkrank-
heit, Susana, Frau mit Knochen. Und Aurora.

Sie haben ihn gefunden.
Sie haben ihn gefunden.
Sie haben seinen Sohn gefunden.
Sie haben deinen Sohn gefunden.
Den jungen Mirador.
Er ging zu seinem Boss am Abend, zu seinem Boss, der junge Mirador. Wie sein Vater es wollte. Der Boss trägt den Namen *O Infinito,* so groß ist seine Macht. Er ging zu seinem
Boss O Infinito und sagte, *ich mache Schluß, ich steige aus,*
finito, das wars. Ich bin nicht mehr dabei. O Infinito läßt
sich das nicht sagen, nicht er, wozu hat er diesen Namen. Er
gibt ihm zwei Minuten, dem jungen Mirador. Der winkt mit
der Hand, *ich brauche keine Zeit, ich bin draußen, adeus.*
Der Boss gibt ein Zeichen, sie halten ihn fest, den jungen Mirador, sie halten ihn fest und bringen ihn auf die Praça; sie
bringen ihn auf die Praça, damit er gut zu finden ist für seinen Vater. Und dort, das erste, was sie tun, einer packt ihn
am Kiefer, drückt sein Gebiß auf, greift in seinen Mund, den
Mund des jungen Miradors, langt nach seiner Zunge, das
Messer schneidet sie glatt, mit einem raschen Schnitt. Sie
brauchen ihn nicht zu fesseln, sie müssen ihn nicht mehr
knebeln, sie halten ihn nur fest, sie halten ihn nur fest. Und
er lebt. Sie halten seinen Kopf, zwei zu seinen Häupten, das
gleiche Messer schält die Augen aus seinen Höhlen, die Augen des jungen Miradors, das rechte Auge, das linke Auge;

der junge Mirador hat keine Zunge mehr für Laute, ein Ton, irgendein Ton preßt sich aus seinem Körper, dem Körper der nichts mehr sieht. Und er lebt. Sie ziehen ihn aus. Sie reißen ihm das Hemd vom Oberkörper, sie zerren seine Hose vom Unterleib, an den Knien lassen sie sie hängen. Blut fließt aus dem Mund, aus den Augenhöhlen des jungen Miradors. Und er lebt. Sie zerschneiden seine Unterhose, die Fetzen bedecken seine Lenden. Einer nimmt das Messer in die eine Hand, die andere packt sein Glied und seine Hoden. Einer schneidet beides ab, er muß mehrmals ansetzen, das Messer scharf immer noch, das Geschlecht nach dem ersten Schnitt glitschig von Blut. Der junge Mirador. Sein Herz ist stark. Er lebt noch. Sie haben anderes Werkzeug dabei. Sie strecken seine Arme auf den Boden, die Arme des jungen Miradors. Den linken Arm. Einer nimmt ein Beil und holt aus. Er hackt die Hand vom Arm, kurz über dem Handgelenk. Die linke Hand des jungen Miradors. Und er lebt noch. Das Blut bedeckt den Boden, die Erde, auf der er liegt, es fließt seinen Körper entlang, es spritzt auf die Haut und die Kleider der Schlächter. Und er lebt noch. Die rechte Hand. Sie strecken den Arm auf den Boden, den Arm des jungen Miradors, ein Ton windet sich aus seiner Kehle, der Ton des Schmerzes ist überall. Einer hackt die rechte Hand ab, über dem Handgelenk, er ist ein schlechter Schlächter, er braucht drei Hiebe, drei Hiebe für den zarten Arm des jungen Miradors. Und er lebt noch.

Sie machen eine Pause. Sie rauchen eine Zigarette. Ihre Schuhe stehen im Blut. Sie betrachten die Beine des jungen Miradors. Sie müssen ihm die Turnschuhe ausziehen, er hat sie von seinem Vater bekommen am Namenstag, das wissen sie nicht. Die Turnschuhe, damit sie die Hose abstreifen können. Sie lassen ihm die Socken an. Einer stützt sich mit beiden Händen auf ein Knie, damit das Bein ruhig am Boden liegt. Die Schneide der Axt ist rot. Sie hacken ihm den linken Fuß ab, sie hacken direkt in das Gelenk, dort ist es leichter. Das Gelenk, der linke Fuß des jungen Miradors. Und er lebt noch.

Er lebt noch.

Einer raucht noch eine Zigarette. Sie werden müde. Ein anderer holt aus, keiner hält das Bein fest diesmal, das Bein des jungen Miradors. Es fängt an nach Blut zu stinken, das Blut zersetzt sich an der Luft. Das Beil fällt nieder und trennt den rechten Fuß. Ab. Trennt den rechten Fuß ab.

Den rechten Fuß des jungen Miradors.

Was er fühlt. Zu wem er ruft.

Sie stehen um ihn mit hängenden Armen. Sie sind müde. Sie wollen nach Hause.

Aber er lebt noch. Der junge Mirador lebt noch.

Einer zuckt die Schultern. Der andere wirft das leere Päckchen Zigaretten fort, es schwimmt im Blut des jungen Miradors und bleibt, vollgesogen, an einem Fuß hängen, dem Fuß, der nicht mehr zu seinem Körper gehört.

Sie packen eine Plastiktüte aus. Eine Mülltüte. Sie packen die abgetrennten Gliedmaßen in die Mülltüte, die Zunge, das rechte Auge, das linke Auge, das Glied, die Hoden, die linke Hand, die rechte Hand, den rechten Fuß, den linken Fuß des jungen Miradors.

Sie sehen sich um, ob sie nichts vergessen haben. Sie packen das Messer und das Beil in eine andere Tüte. Sie gehen fort. Sie lassen ihn liegen. Es ist vier Uhr früh.

Und er lebt noch. Der junge Mirador. Ohne Zunge. Ohne Augen. Ohne Glied. Ohne Hände. Ohne Füße. Er lebt.

Er hat ein starkes Herz.

Er lebt, bis die Sonne aufgeht.

23.

Mundo zerreißt seine Mülltüte. Steht auf. Singt.

OH! VOS OMNIS QUI
TRANSITS PER VIAU
ATENDITE; ATENDITE
ET VIDETE TEUN
SI EST DOLOR
SIEUT DOLOR MEO[4]

---

4   Verônica, cf. Virginia Rodrigues: Sol Negro

DEA LOHER
geboren 1964 in Traunstein. Studium der Germanistik und Philosophie in München. Lebt in Berlin.

Theaterstücke: *Olgas Raum*, Uraufführung: Ernst-Deutsch-Theater, Hamburg 1992; *Tätowierung*, U: Ensemble am Südstern, Berlin 1992; *Leviathan*, U: Staatstheater Hannover 1993; *Fremdes Haus*, U: Staatstheater Hannover 1995; *Blaubart – Hoffnung der Frauen*, U: Bayerisches Staatsschauspiel, München 1997; *Adam Geist*, U: Staatstheater Hannover 1998; *Manhattan Medea*, U: steirischer herbst/Mecklenburgisches Staatstheater Schwerin 1999; *Klaras Verhältnisse*, U: Burgtheater Wien 2000; *Der dritte Sektor*, U: Thalia Theater Hamburg 2001; *Magazin des Glücks*, U: Thalia Theater Hamburg 2001/2002; *Unschuld*, U: Thalia Theater Hamburg 2003; *Das Leben auf der Praça Rosevelt*, U: Thalia Theater Hamburg 2004.

Preise und Auszeichnungen: Dramatikerpreis der Hamburger Volksbühne 1990 für *Olgas Raum*; Royal Court Theatre Playwrights Award 1992; Goethe-Preis des Goethe-Instituts für *Tätowierung* 1993; Preis der Frankfurter Autorenstiftung 1993; Fördergabe des Schiller-Gedächtnis-Preises von Baden-Württemberg 1995; Jakob-Michael-Reinhold-Lenz-Preis der Stadt Jena 1997 für *Adam Geist*; Gerrit Engelke-Preis der Stadt Hannover 1997; Mülheimer Dramatikerpreis 1998 für *Adam Geist*.